배따라기

김동인

약한 자의 슬픔 / 광염 소나타 / 목숨 / 배회 / 벗기운 대금업자

SR&B(새로본닷컴)

김명국의 〈용을 낚는 사람〉

〈베스트 논술 한국대표문학(전60권)〉을 펴내며

어린 시절의 독서는 평생의 이성과 열정을 보장해 줄 에너지의 탱크를 채우는 일입니다. 인생의 지표를 세울 수 있는 가장 믿을 만한 방법이기도 합니다.

새로 접하는 사물의 이치를 터득하려면 그 정보를 대뇌 속에 담는 프로그램이 마련되어 있어야 합니다. 그 프로그램을 구축하는 가장 효과적인 방법이 지속적인 독서입니다. 독서는 책과 나의 쌍방향적인 대화이며 만남이며 스킨십입니다.

그러나 단순한 독서만으로는 생각하는 힘과 정확히 표현하는 힘을 키울 수 없습니다. 〈베스트 논술 한국대표문학〉은 이에 유의하여 다음과 같이 편찬하였습니다.

① 초·중·고 교과서에 실린 고전 및 현대 문학 작품부터 〈삼국유사〉, 〈난중일기〉, 〈목민심서〉 등 우리의 정신을 일깨워 주고 우리에게 지혜와 용기를 준 '위대한 한국 고전'에 이르기까지 한 권 한 권을 가려 뽑았습니다.

② 각 권의 내용과 특성을 분석하여, '작가와 작품 스터디', '논술 가이드' 등을 덧붙여 생각하는 힘, 표현하는 힘을 키울 수 있도록 각 분야의 권위 학자, 논술 전문가들이 심혈을 기울였습니다.

③ 특히 현대 문학 부문은 최근 학계에서, 이 때까지의 오류를 바로잡아 정확한 텍스트를 확정한 것을 반영하였고, 고전 부문은 쉽고 아름다운 현대 국어로 재현하였습니다.

④ 각 작품에 관련된 작가의 고향을 비롯한 작품의 배경, 작품의 참고 자료 등을 일일이 답사 촬영하거나 수집·정리하여 화보로 꾸몄고, 각 작품의 갈피 갈피마다 아름다운 그림을 넣어, 작품에 좀더 친근감 있게 접근할 수 있도록 하였습니다.

이 〈베스트 논술 한국대표문학〉이 여러분이 '큰 사람', '슬기로운 사람'이 되는 데 충실한 밑거름이 되기를 바랍니다.

〈베스트 논술 한국대표문학〉 편찬위원회

일본 유학생 시절의 김동인

20대의 김동인

부여 고란사에서의 김동인(오른쪽)

유적지에서의 김동인

김동인 상

〈광화사〉의 표지

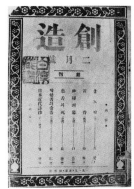

김동인이 창간한 〈창조〉

김동인의 결혼 사진

서울역 플랫폼에서

 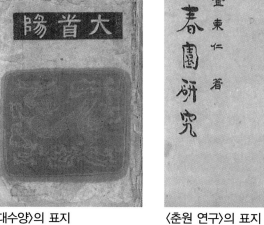 

〈대수양〉의 표지 　　　〈춘원 연구〉의 표지 　　　〈감자〉의 표지

서울 어린이 대공원에 세워진 김동인 문학비

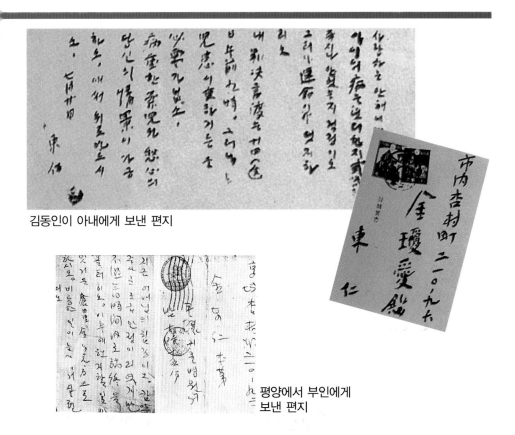

김동인이 아내에게 보낸 편지

평양에서 부인에게
보낸 편지

김동인 문학비의 뒷면에 새겨진 글

차례

배따라기

배따라기

좋은 일기이다.

좋은 일기라도, 하늘에 구름 한 점 없는 —— 우리 '사람'으로서는 감히 접근도 못할 위엄을 가지고, 높이서 우리 조그만 사람을 비웃는 듯이 내려다보는 그런 교만한 하늘이 아니고, 가장 우리 '사람'의 이해자인 듯이 낮추 뭉글뭉글 엉기는 분홍빛 구름으로서 우리와 서로 손목을 잡자는 그런 하늘이다. 사랑의 하늘이다.

나는 잠시도 멎지 않고 푸른 물을 황해로 부어 내리는 대동강을 향한, 모란봉 기슭 새파랗게 돋아나는 풀 위에 뒹굴고 있었다.

이 날은 삼월 삼질, 대동강*에 첫 뱃놀이를 하는 날이다. 까맣게 내려다보이는 물 위에는, 결결이 반짝이는 물결을 푸른 놀잇배들이 타고 넘으며, 거기서는 봄 향기에 취한 형형색색의 선율이, 우단보다도 부드러운

---

* 대동강(大同江) 평안 남도에 있는 우리 나라에서 다섯째로 긴 강. 길이 439km.

봄 공기를 흔들면서 날아온다.

그리고 거기서 기생들의 노래와 함께 날아오는 조선 아악*은 느리게, 길게, 유창하게, 부드럽게, 그리고 또 애처롭게, 모든 봄의 정다움과 끝까지 조화하지 않고는 안 두겠다는 듯이, 대동강에 흐르는 시커먼 봄물, 청류벽에 돋아나는 푸르른 풀 어음*, 심지어 사람의 가슴 속에 봄에 뛰노는 불붙는 핏줄기까지라도, 습기 많은 봄 공기를 다리 놓고 떨리지 않고는 두지 않는다.

봄이다. 봄이 왔다.

부드럽게 부는 조그만 바람이, 시꺼먼 조선 솔을 꿰며, 또는 돋아나는 풀을 스치고 지나갈 때의 그 음악은, 다른 데서는 듣지 못할 아름다운 음악이다.

아아, 사람을 취케 하는 푸르른 봄의 아름다움이여! 열다섯 살부터의 동경 생활에, 마음껏 이런 봄을 보지 못하였던 나는, 늘 이것을 보는 사람보다 곱 이상의 감명을 여기서 받지 않을 수 없다.

평양성 내에는, 겨우 툭툭 터진 땅을 헤치면 파릇파릇 돋아나는 나무 새기와 돋아나려는 버들의 어음으로 봄이 온 줄 알 뿐, 아직 완전히 봄이 안 이르렀지만, 이 모란봉 일대와 대동강을 넘어 보이는, 가나안* 옥토를 연상시키는 장림*에는 마음껏 봄의 정다움이 이르렀다.

그리고 또 꽤 자란 밀 보리 들로 새파랗게 장식한 장림의 그 푸른 빛, 만족한 웃음을 띠고 그 벌에 서서 내다보는 농부의 모양은 보지 않아도 생각할 수가 있다.

구름은 자꾸 하늘을 날아다니는 모양이다. 그 밀 위에 비쳤던 구름의

---

* **아악**(雅樂) 옛날 우리 나라의 궁정용 고전 음악.
* **어음** '움'의 사투리. 초목에서 새로 돋는 싹이나 어린 줄기.
* **가나안**(Canaan) 팔레스타인의 요르단 강 서쪽의 옛 이름. 여호와가 아브라함에게 약속한 이상향.
* **장림**(長林) 우거진 숲.

그림자는 그 구름과 함께 저편으로 물러가며, 거기는 세계를 아까 만들어 놓은 것 같은 새로운 녹빛이 퍼져 나간다.

바람이나 조금 부는 때는 그 잘 자란 밀들은 물결같이 누웠다 일어났다, 일록 일청으로 춤을 춘다. 그리고 봄의 한가함을 찬송하는 솔개들은, 높은 하늘에서 동그라미를 그리면서 더욱더 아름다운 봄의 향기로운 정취를 더한다.

"다스한 봄정에 솟아나리다. 다스한 봄정에 솟아나리다."

나는 두어 번 소리나게 읊은 뒤에 담배를 붙여 물었다. 담뱃내는 무럭무럭 하늘로 올라간다.

하늘에도 봄이 왔다.

하늘은 낮았다. 모란봉 꼭대기에 올라가면 넉넉히 만질 수가 있으리만큼 하늘은 낮다. 그리고 그 낮은 하늘보담은 오히려 더 높이 있는 듯한 분홍빛 구름은 뭉글뭉글 엉기면서 이리저리 날아다닌다.

나는 이러한 아름다운 봄 경치에 이렇게 마음껏 봄의 속삭임을 들을 때는 언제든 유토피아*를 아니 생각할 수 없다. 우리가 시시각각으로 애를 쓰며 수고하는 것은, 그 목적은 무엇인가? 역시 유토피아 건설에 있지 않을까? 유토피아를 생각할 때는 언제든 그 '위대한 인격의 소유자'며 '사람의 위대함을 끝까지 즐긴' 진나라 시황*을 생각지 않을 수 없다.

우리가 어찌하면 죽지를 아니할까 하여, 소년 삼백을 배에 태워 불사약을 구하러 떠나 보내며, 예술의 사치를 다하여 아방궁을 지으며, 매일 신하 몇천 명과 잔치로써 즐기며, 이리하여 여기 한 유토피아를 세우려던 시황은, 몇만의 역사가가 어떻다고 욕을 하든, 그는 정말로 인생의 향락자이며 역사 이후의 제일 큰 위인이라고 할 수

시황제

---

* 유토피아(Utopia) 공상적인 이상 사회.
* 진(秦)나라 시황(始皇) 중국 진나라의 제1대 황제. 기원전 221년에 중국을 통일함.(기원전 259~기원전 210)

가 있다. 그만한 순전한 용기 있는 사람이 있고야 우리 인류의 역사는 끝이 날지라도 한 '사람'을 가졌었다고 할 수 있다.

"큰 사람이었었다."

하면서 나는 머리를 흔들었다.

이 때다. 기자묘 근처에서 무슨 음률이 봄 공기를 진동시키며 날아오는 것이 들렸다. 나는 무심코 귀를 기울였다.

'영유 배따라기'다. 그것도 웬만한 광대나 기생은 발꿈치에도 미치치 못하리만큼 — 그만큼 그 '배따라기'의 주인은 잘 부르는 사람이었다.

　　비나이다, 비나이다
　　산천후토 일월성신 하나님전 비나이다
　　실낱 같은 우리 목숨 살려 달라 비나이다
　　에 —— 야, 어그여지야.

여기까지 이르렀을 때에 저편 아래 물에서 장구 소리와 함께 기생의 노래가 울려오며 배따라기는 그만 안 들리게 되었다.

나는 이 년 전 한 여름을 영유서 지내 본 일이 있다. 배따라기의 본고장인 영유*를 몇 달 있어 본 사람은 그 배따라기에 대하여 언제든 한 속절없는 애처로움을 깨달을 것이다.

영유, 이름은 모르지만 ×산에 올라가서 내려다보면 앞은 망망한 황해이니, 그 곳 저녁때의 경치는 한 번 본 사람은 영구히 잊을 수가 없으리라.

불덩이 같은 커다란 시뻘건 해가 남실남실 넘치는 바다에 도로 빠질 듯 도로 솟아오를 듯 춤을 추며, 거기서 때때로 보이지 않는 배에서 '배따

---

* 영유(永柔) 평안 남도 평원군의 한 고을.

라기' 만 슬프게 날아오는 것을 들을 때엔 눈물 많은 나는 때때로 눈물을 흘렸다. 이로 보아서 어떤 원의 아내가 자기의 모든 영화를 낡은 신같이 내던지고 뱃사람과 정처 없는 물길을 떠났다 함도 믿지 못할 말이랄 수가 없다.

영유서 돌아온 뒤에도 그 '배따라기' 는 내 마음 깊이 새겨져 잊으려야 잊을 수가 없었고, 언제 한번 다시 영유를 가서 그 노래를 한 번 들어 보고 그 경치를 다시 한 번 보고 싶은 생각이 늘 떠나지를 않았다.

장구 소리와 기생의 노래는 멎고 배따라기만 구슬프게 날아온다. 결결이 부는 바람으로 말미암아 때때로는 들을 수가 없으되, 나의 기억과 곡조를 종합하여 들은 배따라기는 이 대목이다.

강변에 나왔다가
나를 보더니만
혼비백산하여
꿈인지 생시인지
와르륵 달려들어
섬섬옥수*로 부쳐잡고
호천망극*하는 말이
'하늘로서 떨어지며
땅으로서 솟아났나
바람결에 묻어 오고
구름길에 싸여 왔나'
이리 서로 붙들고 울음 울 제

* 섬섬옥수(纖纖玉手) 가냘프고 고운 여자의 손.
* 호천망극(昊天罔極) 어버이의 은혜가 하늘 같이 넓고 커서 다함이 없음.

인리제인*이며
일가친척이 모두 모여

여기까지 들은 나는 마침내 참지 못하고 벌떡 일어서서 소나무 가지에 걸었던 모자를 내려쓰고, 그 곳을 찾으러 모란봉 꼭대기에 올라섰다. 꼭대기는 좀더 노랫소리가 잘 들린다. 그는 배따라기의 맨 마지막, 여기를 부른다.

밥을 빌어서
죽을 쑬지라도
제발 덕분에
뱃놈 노릇은 하지 마라
에 —— 야 어그여지야 ——.

그의 소리로써 방향을 찾으려던 나는 그만 그 자리에 섰다.

"어딘가? 기자묘? 혹은 을밀대?"

그러나 나는 오래 서 있을 수가 없었다. 어떻든 찾아보자 하고, 현무문으로 가서 문 밖에 썩 나섰다. 기자묘의 깊은 솔밭은 눈앞에 쫙 퍼진다.

"어딘가?"

나는 또 물어 보았다.

이 때에 그는 또다시 배따라기를 시초부터 부른다. 그 소리는 왼편에서 온다. 왼편이구나 하면서, 소리나는 곳을 더듬어서 소나무 틈으로 한참 돌다가, 겨우 기자묘 치고는 그 중 하늘이 넓고 밝은 곳에 혼자서 뒹굴고 있는 그를 찾아 내었다. 나의 생각한 바와 같은 얼굴이다. 얼굴, 코,

---

* 인리제인(隣里諸人) 이웃 동네의 모든 사람.

입, 눈, 몸집이 모두 네모나고 그의 이마의 굵은 주름살과 시꺼먼 눈썹은 고생 많이 함과 순진한 성격을 나타낸다.

그는 어떤 신사가 자기를 들여다보는 것을 보고 노래를 그치고 일어나 앉는다.

"왜, 그냥 하지요."

하면서 나는 그의 곁에 가 앉았다.

"머……."

할 뿐, 그는 눈을 들어서 터진 하늘을 쳐다본다.

좋은 눈이었다. 바다의 넓고 큼이 유감없이 그의 눈에 나타나 있다. 그는 뱃사람이라 나는 짐작하였다.

"고향이 영유요?"

"예, 머, 영유서 나기는 했지만, 한 이십 년 영윤 가 보디두 않았시오."

"왜 이십 년씩 고향엘 안 가요?"

"사람의 일이라니 마음대로 됩데까?"

그는 왜 그러는지 한숨을 짓는다.

"거저, 운명이 데일 힘셉디다."

운명의 힘이 제일 세다는 그의 소리는 삭이지 못할 원한과 뉘우침이 섞여 있다.

"그래요?"

나는 다만 그를 건너다볼 뿐이다.

한참 잠잠하니 있다가 나는 다시 말하였다.

"자, 노형의 경험담이나 한번 들어 봅시다. 감출 일이 아니면 한번 이야기해 보소."

"머, 감출 일은……."

"그럼 어디 들어 봅시다그려."

그는 다시 하늘을 쳐다보았다. 그러나 좀 있다가,

"하디요."

하면서 내가 담배를 붙이는 것을 보고 자기도 담배를 붙여 물고 이야기를
꺼낸다.

　"닛히디두 않는 십구 년 전 팔월 열하룻날 일인데요."

하면서 그가 이야기한 바는 대략 이와 같은 것이다.

그가 살던 마을은 영유 고을서 한 이십 리나 떠나 있는, 바다를 향한 조그만 어촌이다. 그가 살던 조그만 마을(서른 집쯤 되는)에서는 꽤 유명한 사람이었다.

그의 부모는 모두 열댓 세 났을 때 돌아갔고, 남은 사람이라고는 곁집에 딴살림하는 그의 아우 부처와 그 자기 부처뿐이었다. 그들 형제가 그 마을에서 제일 부자이고 또 제일 고기잡이를 잘하였고, 그 중 글이 있었고, 배따라기도 그 마을에서 빼어나게 그 형제가 잘 불렀다. 말하자면 그 형제가 그 동네의 대표적 사람이었다.

팔월 보름은 추석 명절이다. 팔월 열하룻날 그는 명절에 쓸 장도 볼 겸, 그의 아내가 늘 부러워하는 거울도 하나 사 올 겸 장으로 향하였다.

"당손네 집에 있는 것보다 큰 거이오. 닛디 말구요."

그의 아내는 길까지 따라 나오면서 잊지 않도록 부탁하였다.

"안 닛어."

하면서 그는 떠오르는 새빨간 햇빛을 앞으로 받으면서 자기 마을을 나섰다.

그는 아내를(이렇게 말하기는 우습지만) 고와했다. 그의 아내는 촌에는 드물도록 연연하고도 예쁘게 생겼다. (그는 나에게 이렇게 말하였다.)

"성내(평양) 덴줏골(갈보촌)을 가두 그만한 건 쉽디 않갔시오."

그러니까 촌에서는, 그리고 그 당시에는 남에게 우습게 보이도록 그 내외의 새는 좋았다. 늙은이들은 계집에게 혹하지 말라고 흔히 그에게 권고하였다.

부처의 새는 좋았지만 —— 아니, 오히려 좋았으므로 그는 아내에게 샘을 많이 하였다. 그리고 그의 아내는 시기를 받을 일을 많이 하였다. 품행이 나쁘다는 것이 아니라, 그의 아내는 대단히 천진스럽고 쾌활한 성질로서 아무에게나 말 잘하고 애교를 잘 부렸다.

그 동네에서는 무슨 명절이나 되면, 집이 그 중 정결함을 핑계 삼아 젊은이들은 모두 그의 집에 모이곤 하였다. 그 젊은이들은 모두 그의 아내에게 '아즈마니'라 부르고, 그의 아내는 '아즈바니 아즈바니' 하며 그들과 지껄이고 즐기며, 그 웃기 잘하는 입에는 늘 웃음을 흘리고 있었다. 그럴 때마다 그는 한편 구석에서 눈만 힐금거리며 있다가 젊은이들이 돌아간 뒤에는 불문곡직하고 아내에게 덤벼들어 발길로 차고 때리며, 이전에 사다 주었던 것을 모두 걷어 올린다. 싸움을 할 때에는 언제든 곁집에 있는 아우 부처가 말리러 오며, 그렇게 되면 언제든 그는 아우 부처까지 때려 주었다.

그가 아우에게 그렇게 구는 데는 이유가 있었다. 그의 아우는, 시골 사람에게는 쉽지 않도록 늠름한 위엄이 있었고, 매일 바닷바람을 쏘였지만 얼굴이 희었다.

이것뿐으로도 시기가 된다 하면 되지만, 특별히 아내가 그의 아우에게 친절히 하는 데는, 그는 속이 끓어 못 견디었다.

그가 영유를 떠나기 반 년 전쯤 —— 다시 말하자면 그가 거울을 사러 장에 갈 때부터 반 년 전쯤 그의 생일날이었다. 그의 집에서는 음식을 차려서 잘 먹었는데, 그에게는 괴상한 버릇이 있었으니, 맛있는 음식은 남겨 두었다가 좀 있다 먹곤 하는 것이 습관이었다. 그의 아내도 이 버릇은 잘 알 터인데 그의 아우가 점심때쯤 오니까, 아까 그가 아껴서 남겨 두었던 그 음식을 아우에게 주려 하였다. 그는 눈을 부릅뜨고 '못 주리라.'고 암호하였지만 아내는 그것을 보았는지 못 보았는지 그의 아우에게 주어 버렸다. 그는 마음 속이 자못 편치 못하였다. '트집만 있으면 이년을……' 그는 마음먹었다.

그의 아내는 시아우에게 상을 준 뒤에 물러오다가 그만 그의 발을 조금 밟았다.

"이년!"

그는 힘껏 발을 들어서 아내를 냅다 찼다. 그의 아내는 상 위에 거꾸러졌다가 일어난다.

"이년, 사나이 발을 짓밟는 년이 어디 있어!"

"거 좀 밟아서 발이 부러졌쉐까?"

아내는 낯이 새빨개져서 울음 섞인 어조로 고함친다.

"이년! 말대답이……."

그는 일어서서 아내의 머리채를 휘어잡았다.

"형님! 왜 이러십니까?"

아우가 일어서면서 그를 붙잡았다.

"가만 있거라, 이놈의 자식."

하며, 그는 아우를 밀친 뒤에 아내를 되는 대로 내리찧었다.

"죽일 년, 이년! 나가거라!"

"죽에라, 죽에라! 난 죽어도 이 집에선 못 나가!"

"못 나가?"

"못 나가디 않구, 뉘 집이게……."

이 때다. 그의 마음에는 그 못 나가겠다는 아내의 마음이 푹 들이박혔
다. 그 이상 때리기가 싫었다. 우두커니 눈만 흘기고 있다가 그는,

"망할 년, 그럼 내가 나갈라."

하고 그만 문 밖으로 뛰어나와서,

"형님, 어디 갑니까?"

하는 아우의 말에는 대답도 안 하고, 곁동네 탁주집으로 뒤도 안 돌아보
고 가서, 거기 있는 술 파는 계집과 술상 앞에 마주앉았다.

그 날 저녁 얼근히 취한 그는 아내를 위하여 떡을 한 돈 어치 사 가지고
집으로 돌아왔다. 이리하여 또 서너 달은 평화가 이르렀다. 그러나 이 평
화가 언제까지든 계속될 수가 없었다. 그의 아우로 말미암아 또 평화는
쪼개져 나갔다.

오월 초승부터 영유 고을 출입이 잦던 그의 아우는, 오월 그믐께부터

는 고을서 며칠씩 묵어 오는 일이 많았다. 함께, 고을에 첩을 얻어 두었다는 소문이 퍼졌다.

　이 소문이 있은 뒤 아내는 그의 아우가 고을 들어가는 것을 벌레보다도 더 싫어하고, 며칠 묵어나 오는 때면 곧 아우의 집으로 가서 담판을 하며, 심지어 동서 되는 처에게까지 못 가게 하지 않는다고 싸우는 일이 있었다. 칠월 초승께 그의 아우는 고을에 들어가서 열흘쯤 묵어 온 일이 있었다. 이 때도 전과 같이 그의 아내는 그의 아우며 제수와 싸우다 못하여 마침내 그에게까지 와서 아우가 그런 못된 데를 다니는 것을 그냥 둔다고 해 보자 한다. 그 꼴을 곱게 보지 않았던 그는 첫마디로 고함을 쳤다.

　"네게 상관이 무에가? 듣기 싫다."

　"못난둥이. 아우가 그런 델 댕기는 걸 말리디두 못하구."

　분김에 이렇게 그의 아내는 고함쳤다.

　"이년, 무얼?"

　그는 벌떡 일어섰다.

　"못난둥이!"

　그 말이 채 끝나기 전에 그의 아내는 악 소리와 함께 그 자리에 거꾸러졌다.

　"이년! 사나이에게 그 따위 말버릇 어디서 배완!"

　"에미네 때리는 건 어디서 배왔노? 못난둥이!"

　그의 아내는 울음 소리로 부르짖었다.

　"샹년, 그냥? 나갈! 우리 집에 있디 말구 나갈!"

　그는 내리찧으면서 부르짖었다. 그리고 아내를 문을 열고 밀쳤다.

　"나가디 않으리!"

하고 그의 아내는 울면서 뛰어나갔다.

　"망할 년!"

　토하는 듯이 중얼거리고 그는 그 자리에 주저앉았다.

그의 아내는 해가 져서 어두워져도 돌아오지 않았다. 일단 내쫓기는 하였지만 그는 아내의 돌아옴을 기다리고 있었다. 어두워져서도 그는 불도 안 켜고 성이 나서 우들우들 떨면서 아내가 돌아오기를 기다렸다. 그러나 그의 아내의 참 기쁜 듯이 웃는 소리가 그의 아우의 집에서 밤새도록 울렸다. 그는 움쩍도 안 하고 그 자리에 앉아서 밤을 새운 뒤에 새벽 동터 올 때 아내와 아우를 죽이려고 부엌에 가서 식칼을 가지고 들어와서 문을 벌컥 열었다.

그의 아내로서 만약 근심스러운 얼굴을 하고 그 문 밖에 우두커니 서서 문을 들여다보고 있지 않았더라면, 그는 아내와 아우를 죽이고야 말았으리라.

그의 아내를 보는 순간 마음에 가득 차는 사랑을 깨달으면서, 칼을 내던지고 뛰어나가서 아내의 머리채를 휘어잡고, 이년 하면서 들어와서 뺨을 물어뜯으면서 함께 이리저리 자빠져서 뒹굴었다.

그런 이야기는 다 하려면 끝이 없으되 그만 '그', '그의 아내', '그의 아우' 세 사람의 삼각 관계는 대략 이와 같다.

각설 ——.

거울은 마침 장에 마음에 맞는 것이 있었다. 지금 것과 대 보면, 어떤 때는 코도 크게 보이고 입이 작게도 보이는 것이지만, 그 당시에는, 그리고 그런 촌에서는 둘도 없는 귀물이었다. 거울을 사 가지고 장을 본 뒤에 그는 이 거울을 아내에게 주면 그 기뻐할 모양을 생각하며 새빨간 저녁 햇빛을 받는 넘치는 듯한 바다를 안고, 자기 집으로, 늘 들러 오던 탁주집에도 안 들러서 돌아왔다.

그러나 그가 그의 집 방 안에 들어설 때에는 뜻도 안 하였던 광경이 그의 눈에 벌여 있었다.

방 가운데는 떡상이 있고, 그의 아우는 수건이 벗어져서 목 뒤로 늘어지고, 저고리 고름이 모두 풀어져 가지고 한편 모퉁이에 서 있고, 아내도 머리채가 모두 뒤로 늘어지고, 치마가 배꼽 아래 늘어지도록 되어 있으며, 그의 아내와 아우는 그를 보고 어찌할 줄을 모르는 듯이 움쩍도 안 하고 서 있었다. 세 사람은 한참 동안 어이가 없어서 서 있었다. 그러나 좀 있다가 마침내 그의 아우가 겨우 말했다.

"그놈의 쥐 어디 갔나?"

"흥! 쥐? 훌륭한 쥐 잡댔구나!"

그는 말을 끝내지도 않고 짐을 벗어 던지고 뛰어가서 아우의 멱살을 끌어잡았다.

"형님! 정말 쥐가 ——."

"쥐? 이놈? 형수하고 그런 쥐 잡는 놈이 어디 있니?"

그는 아우를 따귀를 몇 대 때린 뒤에 등을 밀어서 문 밖에 내던졌다. 그런 뒤에 이제 자기에게 이를 매를 생각하고 우들우들 떨면서 아랫목에 서 있는 아내에게 달려들었다.

"이년! 시아우와 그런 쥐 잡는 년이 어디 있어!"

그는 아내를 거꾸러뜨리고 함부로 내리찧었다.

"정말 쥐가…… 아이 죽갔다."

"이년! 너두 쥐? 죽어라!"

그의 팔다리는 함부로 아내의 몸에 오르내렸다.

"아이, 죽갔다. 정말 아까 적으니(시아우)가 왔기에 떡 자시라구 내놓았더니 ——."

"듣기 싫다! 시아우 붙은 년이, 무슨 잔소릴……."

"아이, 아이, 정말이야요. 쥐가 한 마리 나……."

"그냥 쥐?"

"쥐 잡을래다가……."

"샹년! 죽어라! 물에래두 빠데 죽얼!"

그는 실컷 때린 뒤에, 아내도 아우처럼 등을 밀어 내쫓았다. 그 뒤에 그

의 등으로,

"고기 배때기에 장사해라!"

하고 토하였다.

분풀이는 실컷 하였지만, 그래도 마음 속이 자못 편치 못하였다. 그는 아랫목으로 가서, 바람벽을 의지하고 실신한 사람같이 우두커니 서서 떡상만 들여다보고 있었다.

한 시간…… 두 시간…….

서편으로 바다를 향한 마을이라 다른 곳보다는 늦게 어둡지만, 그래도 술시*쯤 되어서는 깜깜하니 어두웠다. 그는 불을 켜려고 바람벽에서 떠나서 성냥을 찾으러 돌아갔다. 성냥은 늘 있던 자리에 있지 않았다. 그래서 여기저기 뒤적이노라니까, 어떤 낡은 옷뭉치를 들칠 때에 문득 쥐 소리가 나면서 후덕덕 뛰어나온다. 그리하여 저 편으로 기어 도망한다.

"역시 쥐댔구나!"

그는 조그만 소리로 부르짖었다. 그리고 그만 그 자리에 맥없이 털썩 주저앉았다. 아까 그가 보지 못한 때의 광경이 활동 사진과 같이 그의 머리에 지나갔다.

아우가 집에를 온다. 아우에게 친절한 아내는 떡을 먹으라고 아우에게 떡상을 내놓는다. 그 때에 어디선가 쥐가 한 마리 뛰어나온다. 둘(아우와 아내)이서는 쥐를 잡노라고 돌아간다. 한참 성화시키던 쥐는 어느 구석에 숨어 버린다. 그들은 쥐를 찾느라고 뒤룩거린다. 그럴 때에 그가 집에 들어선 것이다.

"샹년, 좀 있으믄 안 들어오리……."

그는 억지로 마음먹고 그 자리에 드러누웠다.

그러나 아내는 밤이 가고 날이 밝기는커녕 해가 중천에 올라도 돌아오

---

* 술시(戌時) 십이시의 열한째 시. 하오 7시부터 9시까지의 동안.

지를 않았다. 그는 차차 걱정이 나서 찾아보러 나섰다.

아우의 집에도 없었다. 동네를 찾아보아도 본 사람도 없다 한다.

그리하여, 낮쯤 한 삼사 리쯤 내려가서 바닷가에서 겨우 아내를 찾기는 찾았지만, 그 아내는 이전 같은 생기로 찬 산 아내가 아니요, 몸은 물에 불어서 곱이나 크게 되고, 이전에 늘 웃음을 흘리던 예쁜 입에는 거품을 잔뜩 문, 죽은 아내였다.

그는 아내를 업고 집으로 돌아오기까지 정신이 없었다.

이튿날 간단하게 장사를 하였다. 뒤에 따라오는 아우의 얼굴에는,

'형님, 이게 웬 일이오니까?'

하는 듯한 원망이 있었다.

장사를 지낸 이튿날부터 아우는 그 조그만 마을에서 없어졌다. 하루 이틀은 심상히 지냈지만, 닷새가 지나도 아우는 돌아오지 않았다. 그래서 알아보니까, 꼭 그의 아우같이 생긴 사람이 오륙 일 전에 멧산자 보따리를 하여 진 뒤에 시뻘건 저녁 해를 등으로 받고 더벅더벅 동쪽으로 가더라 한다. 그리하여 열흘이 지나고 스무 날이 지났지만, 한번 떠난 그의 아우는 돌아올 길이 없었고, 혼자 남은 아우의 아내는 매일 한숨으로 세월을 보내게 되었다.

그도 이것을 잠자코 보고 있을 수가 없었다. 그 불행의 모든 죄는 그에게 있었다.

그도 마침내 뱃사람이 되어, 작으나마 아내를 삼킨 바다와 늘 접근하며 가는 곳마다 아우의 소식을 알아보려고, 어떤 배를 얻어 타고 물길을 나섰다.

그는 가는 곳마다 아우의 이름과 모습을 말하여 물었으나 아우의 소식은 알 수가 없었다. 이리하여 꿈결같이 십 년을 시내서 구 년 전 가을, 딱딱히 낀 안개를 꿰며 연안 바다를 지나가던 그의 배는 몹시 부는 바람으로 말미암아 파선을 하여 벗 몇 사람은 죽고, 그는 정신을 잃고 물 위에

떠돌고 있었다.

그가 겨우 정신을 차린 때는 밤이었다. 그리고 어느덧 그는 뭍 위에 올라와 있었고, 그를 말리느라고 새빨갛게 피워 놓은 불빛으로 자기를 간호하는 아우를 보았다.

그는 이상히도 놀라지도 않고, 천연하게 물었다.

"너, 어딯게(어떻게) 여기 완?"

아우는 잠자코 한참 있다가 겨우 대답하였다.

"형님, 거저 다 운명이외다."

따뜻한 불기운에 깜빡 잠이 들려다가 그는 화닥닥 깨면서 또 말했다.

"십 년 동안에 되게 파랬구나."

"형님, 나두 변했거니와 형님두 몹시 늙으셨쉐다."

이 말을 꿈결같이 들으면서 그는 또 혼혼히 잠이 들었다. 그리하여 두어 시간, 꿀보다도 단 잠을 잔 뒤에 깨어 보니, 아까같이 새빨간 불은 피어 있지만 아우는 어디로 갔는지 없어졌다.

곁의 사람에게 물어 보니까, 아우는 형의 얼굴을 물끄러미 한참 들여다보고 있다가 새빨간 불빛을 등으로 받으면서, 터벅터벅 아무 말 없이 어둠 가운데로 스러졌다 한다.

이튿날 아무리 알아보아야 그의 아우는 종적이 없어지고 알 수 없으므로, 그는 하릴없이 다른 배를 얻어 타고 또 물길을 떠났다. 그리하여 그의 배가 해주*에 이르렀을 때, 그는 해주장에 들어가서 무엇을 사려다가 저편 맞은편 가게에 걸핏 그의 아우 같은 사람이 있으므로 뛰어가서 보니 그는 벌써 없어졌다. 배가 해주에는 오래 머물지 않으므로 그의 마음은 해주에 남겨 두고, 또다시 바닷길을 떠났다.

그 뒤에 삼 년을 이리저리 돌아다녔어도 아우는 다시 볼 수가 없었다. 그리하여 삼 년을 지내서 지금부터 육 년 전에, 그가 탄 배가 강화도를 지날 때에, 바다를 향한 가파로운 뫼켠에서 바다를 향하여 날아오는 '배따라기'를 들었다. 그것도 어떤 구절과 곡조는 그의 아우 특식으로 변경된, 그의 아우가 아니면 부를 사람이 없는 그 '배따라기'이다.

배가 강화도에 머무르지 않아서 그저 지나갔으나, 인천서 열흘쯤 머무르게 되었으므로, 그는 곧 내려서 강화도로 건너가 보았다. 거기서 이리저리 찾아다니다가, 어떤 조그만 객줏집에서 물어 보니, 이름도 그의 아우요, 생긴 모습도 그의 아우인 사람이 묵어 있기는 하였으나, 사나흘 전에 도로 인천으로 갔다 한다. 그는 곧 돌아서서 인천으로 건너와서 찾아보았지만, 그 조그만 인천에서도 그의 아우를 찾을 바가 없었다.

그 뒤에 눈 오고 비 오며 육 년이 지났지만, 그는 다시 아우를 만나 보지 못하고 아우의 생사까지도 알 수가 없다.

---

* 해주(海州) 황해도 남해안에 있는 한 고을.

말을 끝낸 그의 눈에는 저녁 해에 반사하여 몇 방울의 눈물이 반득인다. 나는 한참 있다가 겨우 물었다.

　"노형 계수는?"

　"모르디요. 이십 년을 영유는 안 가 봤으니깐요."

　"노형은 이제 어디루 갈 테요?"

　"것두 모르디요. 덩처가 있나요? 바람 부는 대로 몰려 댕기디요."

　그는 다시 한 번 나를 위하여 배따라기를 불렀다. 아아, 그 속에 잠겨 있는 삭이지 못할 뉘우침, 바다에 대한 애처로운 그리움.

　노래를 끝낸 다음에 그는 일어서서 시뻘건 저녁 해를 잔뜩 등으로 받고, 을밀대로 향하여 더벅더벅 걸어간다. 나는 그를 말릴 힘이 없어서 멀거니 그의 등만 바라보고 앉아 있었다.

　그 날 밤, 집에 돌아와서도 그 배따라기와 그의 숙명적 경험담이 귀에 쟁쟁히 울려서 잠을 못 이루고, 이튿날 아침 깨어서 조반도 안 먹고 기자묘로 뛰어가서 또다시 그를 찾아보았다.

　그가 어제 깔고 앉았던 풀은 모두 한편으로 누워서 그가 다녀감을 기념하되, 그는 그 근처에 보이지 않았다. 그러나, 그러나 배따라기는 어디선가 쟁쟁히 울려서 모든 소나무들을 떨리지 않고는 안 두겠다는 듯이 날아온다.

　"모란봉이다. 모란봉에 있다."

하고 나는 한숨에 모란봉으로 뛰어갔다. 모란봉에는 사람이 하나도 없다. 부벽루에도 없다.

　"을밀대다."

하고 나는 다시 을밀대로 갔다.

　을밀대에서 부벽루를 연한. 지옥까지 연한 듯한 골짜기에 물 한 방울을 안 새이리라고 빽빽이 난 소나무의 그 모든 잎잎은 떨리는 배따라기를 부르고 있지만, 그는 여기도 있지 않다. 기자묘의 하늘을 향하여 퍼져 나간 그 모든 소나무의 천만의 잎잎도, 그 아래쪽 퍼진 천만의 풀들도, 모두 그 배따라기를 슬프게 부르고 있지만, 그는 이 조그만 모란봉 일대에서 찾을 수가 없었다.

강가에 나가서 알아보니 그의 배는 오늘 새벽에 떠났다 한다. 그 뒤에 여름과 가을이 가고 일 년이 지나서 다시 봄이 이르렀으되, 잠깐 평양을 다녀간 그는 그 숙명적 경험담과 슬픈 배따리기를 남겨 두었을 뿐, 다시 조그만 모란봉에 나타나지 않는다.

모란봉과 기자묘에 다시 봄이 이르러서, 작년에 그가 깔고 앉아서 부러졌던 풀들도 다시 곧게 대가 나서 자줏빛 꽃이 피려 하지만, 끝없는 뉘우침을 다만 한낱 '배따라기'로 하소연하는 그는 이 조그만 모란봉과 기자묘에서 다시 볼 수가 없었다.

다만 그가 남기고 간 '배따라기'만 추억하는 듯이 모든 잎잎이 속삭이고 있을 따름이다.

약한 자의 슬픔

1

가정 교사 강 엘리자베트는 가르침을 끝낸 다음에 자기 방으로 돌아왔다. 돌아오기는 하였지만 이제껏 쾌활한 아이들과 마주 유쾌히 지낸 그는 찜찜하고 갑갑한 자기 방에 돌아와서는 무한한 적막을 깨달았다.

'오늘은 왜 이리 갑갑한고? 마음이 왜 이리 두근거리는고? 마치 이 세상에 나 혼자 남아 있는 것 같군. 어찌할꼬. 어디 갈까 말까. 아, 혜숙이한테나 가 보자. 이즈음 며칠 가 보지도 못하였는데.'

그의 머리에 이 생각이 나자, 그는 갑자기 갑갑하던 것이 더 심하여지고 아무래도 혜숙이한테 가 보아야 될 것같이 생각된다.

"아무래도 가 보아야겠다."

그는 중얼거리고 외출의를 갈아 입었다.

"갈까? 그만둘까?"

그는 생각이 정키 전에 문 밖에 나섰다. 여학생 간에 유행하는 보법*으

---

* 보법(步法) 걷는 법. 걸음걸이.

로 팔과 궁둥이를 전후좌우로 저으면서 엘리자베트는 길로 나섰다.

그는 파라솔을 받은 후에 손수건을 코에 대어서 쏘는 듯한 콜타르 냄새를 막으면서 N통*, K정* 들을 지나서 혜숙의 집에 이르렀다. 그리 부자라 할 수는 없지만 그래도 경성 중류민의 열에는 드는 혜숙의 집은 굉대하지는* 못 하지만 쑬쑬하고 정하기는 하였다.

그 집의 방의 배치를 익히 아는 엘리자베트는 들어서면서 파라솔을 접어서 마루 한편 끝에 놓은 후에,

"너무 갑갑해서 놀러 왔다 애."

하면서 혜숙의 방으로 뛰어들어갔다. 그는 들어서면서 혜숙이가 동무 S와 무슨 이야기를 열심으로 하다가 자기 온 것을 알고 뚝 그치는 것을 알았다.

'S는 원, 무엇하러 왔노?'

그는 이유 없는 질투가 마음에서 끓어 나오는 것을 깨달았다.

'흥! 혜숙이는 S로 인하여 나한테 놀러도 안 오는구만. 너희들끼리만 잘들 놀아라.'

혜숙이가 한 번도 자기께 놀러와 본 때가 없으되 엘리자베트는 이렇게 생각하였다.

"아, 엘리자베트 왔니. 우린 이제껏 네 이야기 하댔지. 그새 왜 안 왔니?"

혜숙이와 S는 동시에 일어나면서, 혜숙이는 엘리자베트의 왼손, S는 바른손을 잡고 주좌에 끌어다 앉혔다.

엘리자베트는 아직 십구 세의 소녀이지만 재주와 용자로 모든 동창들에게 존경과 일종의 시기를 받고 있었다. 그는 재주로 인하여 아직 통학

---

* 통(通) 전날에 '거리'의 뜻으로 이르던 말.
* 정(町) 거리 단위의 하나. 곧, 60칸.
* 굉대(宏大)하다 굉장히 크다.

중이지만 K남작의 집에 유하면서 오후에는 그 집 아이들에게 학과의 복습을 시키고 있었다.

"내 이야기라니 무슨? 내 흉들만 실컷 보고 있었니?"

엘리자베트는 앉히는 자리에 앉으면서 억지로 성난 것을 감추고 농담 비슷하니 물었다.

혜숙과 S는 의논하였던 것같이 잠깐 서서 낯을 향하였다가 웃음을 억지로 참느라 입을 비죽하니 하고 머리를 돌이켰다.

"내 이야기라니 무슨?"

"네 이야기라니. 저 —— 그만두자."

혜숙이가 감춰 두자 엘리자베트는 더 듣고 싶었다. 그는 차차 노기를 외면에 나타내게 되었다.

"내 이야기라니 무엇이야 얘? 안 가르쳐 주면 난 가겠다."

"네 이야기라니. 저——."

혜숙이는 아까와 같은 말을 한 후에 S와 또 한 번 마주 향하여 보았다.

"그럼 난 간다."

하고 엘리자베트는 일어서려 하였다.

"얘, 가르쳐 줄라. 참말은 네 이야기가 아니고, 저 —— 이환 씨 이야기."

말이 끝난 뒤에 혜숙이는 또 한 번 S와 낯을 향하였다.

혜숙의 말을 들은 엘리자베트는 노기와 부끄러움과 모욕을 당했다는 감을 함께 머금고 낯을 붉히고 머리를 숙였다.

엘리자베트가 매일 통학할 때에 N통 꺾어진 길에서 H의숙* 제모를 쓴 어떤 청년과 만나게 되었다. 만나기 시작한 지 닷새에 좀 정답게 생각되고, 열흘에 그를 만나지 못하면 섭섭하게 생각되고, 이십 일에 연애라 하는 것을 자각하고, 일삭 만에 그 청년의 이름을 탐지하였다. '그도 나를

---

* 의숙(義塾) 공익을 위하여 의연금을 모아 세운 교육 기관.

생각하겠지.' 하는 생각과 '웬걸, 내게는 주의도 안 하더라.' 하는 생각이 그 후부터는 항상 그의 마음 속에서 쟁투하고 있었다. 연애를 하는 사람은 아무도 그렇거니와, 엘리자베트는 연애 —— 짝사랑이던 —— 를 안 후부터는 벗들과 함께 있을 때는 아무렇지도 않지만, 혼자 있을 때는 염세의 생각과 희열의 생각이 함께 마음 속에서 발하여 공연히 심장을 뛰놀리며 일어섰다 앉았다, 밖에 나갔다 들어왔다, 일도 없는데 이환이와 만나게 되는 길에 가 보았다, 이와 같이 날을 보내게 되었다. 그러다가 아무에게도 통사정할 사람이 없는 엘리자베트는 혜숙에게 이 말을 다 고백하였다. 이와 같은 사람의 비밀을 혜숙이는 S에게 알게 하였다 할 때는 그는 성이 났다.

처녀가 학생에게 사랑을 한다 하는 것이 그에게는 부끄러웠다.

둘 —— 혜숙과 S —— 이서 내 흉을 실컷 보았겠거니 할 때에 그는 모욕을 당했다 생각하였다. 혜숙과 S가 서로 낯을 보고 웃을 때에 이 생각이 더 심하였다. 그리고 이와 같은 비밀을 혜숙에게 고백하였다 할 때에, 엘리자베트는 자기에 대하여서도 성을 안 낼 수가 없었다.

'이건 자기를 믿고 통사정을 하였더니 이런 말을 광고같이 떠들춘단 말인가. 이 세상에 믿을 만한 사람이 누구인고? 아, 부모가 살아 계시면……'

살아 있을 때는 자기를 압박하는 것으로 유일의 오락을 삼던 부모를 빨리 죽기를 기다리던 그도, 부모에게 대하여, 지금은 유일의 믿을 만한 사람이고, 유일의 의뢰할 만한 사람이라는 생각이 났다. 그리고 혜숙에게 대하여서는 무한한 증오의 염이 난다.

그러면서노 그는 한 바람을 품고 있었다. 이것 —— 이환과 자기의 새 —— 이것이 이제 화제가 되는 것을 그는 무서워하고 피하려 하면서도 그것이 화제가 되기를 열심으로 바라고 있다. 좀더 상세히 알고 싶었다.

자기 말을 듣고 엘리자베트가 성을 낸 것을 빨리 알아챈 혜숙이는, 화제를 바꾸려고 학과 이야기를 시작하였다.

"너 기하 숙제 해 보았니? 난 암만해두 모르겠구나."

'아차!'

엘리자베트는 속으로 고함을 쳤다. 그의 희망은 끊어졌다.

'내가 성을 낸 것을 알고 혜숙이는 이렇게 돌려다 대누나.'
하면서도 성을 억지로 감추고 낯에 화기를 나타내고 대답하였다.

"기하? 해 보지는 않았어도 해 보면 되겠지."

"그럼 좀 가르쳐 주렴."

기하책을 갖다 놓고 셋은 둘러앉아서 기하를 토론하기 시작하였다. 한 이십 분 동안 기하를 푸는 사이에 엘리자베트의 머리에는 혜숙과 S의 우교에 대한 시기도 없어지고, 혜숙에 대한 증오도 없어지고, 동창생에 대한 애정과 동성에 대한 친밀한 생각만 나게 되었다. 복습을 필한 후에 셋은 잠깐 무언으로 있었다. 그 동안 혜숙은 무슨 말을 할 듯 할 듯 하면서도 다만 빙긋 웃기만 하고 말은 못 발하고 있었다.

'무슨 말이든 빨리 하렴.'

엘리자베트는 또 갑자기 희망을 품고 심장을 뛰놀리면서 속으로 명령하였다. 엘리자베트가 듣고 싶어하는 것을 보고 혜숙이는 안심한 듯이 말을 시작한다.

"애 —— 애 ——."

이 말만 하고 좀 하기가 별한 듯이 잠깐 말을 멈추었다가 또 시작한다.

"이환 씨느으으은 S의 외사촌 오빠란다."

이 말을 들은 엘리자베트는 갑자기 마음이 무거워지는 것을 깨달았다. 그 가운데는 부끄러움도 섞여 있었다. 갑자기 이환이와 직접 대면한 것같이 형용할 수 없는 별한 부끄러움이 엘리자베트의 마음을 지나갔다. 그러면서도 그는 좀더 똑똑히 알려고,

"거짓말!"

하고 혜숙이를 쳐다보았다.

"거짓말은 왜 거짓말이야. S한테 물어 보렴. 이애 S야, 그렇지?"

엘리자베트는 머리를 S편으로 돌려서 S의 대답을 기다렸다. 이환이가 S의 외사촌이라는 것은 팔구 분은 믿으면서도……,

S는 다만 웃고 있었다.

'모욕당했다. 집으로 가고 말아야지.'

엘리자베트는 이렇게 속으로 고함을 치고도 일어나지는 않았다. 그는 S에게서 이환의 소식을 듣고 싶었다. 그리고 '오빠도 너를 사랑한다더라.'란 말까지 듣고 싶었다.

"응, 그렇지 애?"

하고 혜숙의 소리에 S는 그렇단 대답만 하였다. 그리고 의미 있는 듯한 웃음을 머금고 엘리자베트를 들여다보았다.

'S의 웃음, 의미 있는 웃음. 무슨 웃음일꼬? 거짓말? 이환 씨가 S의 오빠라는 것이 거짓말이 아닐까? 아니, 그것은 참말이다. 그러면 무슨 웃음일꼬? 이환 씨는 나 같은 것은 알아도 안 보나? 아, 무엇? 아니다. 그도 나를 사랑한다. 그리고 S에게 고백하였다. 아, 이환 씨는 날 사랑한다. 결혼! 행복!'

그는 자기에게 이익한 데로만 생각을 끌어가다가 대담하게 되어서 머리를 들면서, 결심한 구조*로 말을 걸었다.

"애, S야!"

"엉?"

경멸하는 듯이 S는 대답하였다. 이 소리에, 엘리자베트의 용기가 대부분은 꺾어졌다.

"너……."

그는 차마 그 뒤는 말을 발하지 못하여 우물우물하다가 예상도 안 한 딴 말을 묻고 말았다,

"기하 다 했니?"

"기하라니? 무슨?"

S는 대답 겸 물어 보았다.

"내일 숙제."

"이 애 미쳤나 부다."

엘리자베트는 왜인지 가슴에서 똑 하는 소리를 들었다. S는 말을 연속하여 한다.

"이제 우리 하지 않았니?"

"응?…… 참…… 다 했지…….."

＊구조(口調) '어조(語調)'의 북한말.

S는 '다 알았소이다.' 하는 듯이 교활한 웃음을 머금고 엘리자베트의 그리스 조각을 연상시키는 뺨과 목의 윤곽을 들여다보았다.

'모욕을 당했다.'

엘리자베트는 또 이렇게 생각하지 않을 수 없었다.

'집으로 가고 말아야지.'

이 생각을 할 때에, 그는 아까 집에서 혜숙의 집에 가야겠다 생각할 때에 참지 못하게 가고 싶던 그와 같은 정도로 집으로 돌아가고 싶었다.

그는 어쩔 수 없이 가고 싶은 고로,

"난 간다."

소리만 지르고 동무들의,

"왜 가니?"

"더 놀다가렴."

등 소리는 귓등으로도 듣지 않고 팔과 궁둥이를 저으면서 나섰다.

2

늦은 봄의 저녁 빛은 따스하였다.

도회의 저녁은 더 번잡하였다.

시멘트 인도는 무수히 통행하는 사람의 발로 인하여 처르럭처르럭 때가닥때가닥 하는 소리를 시끄럽도록 내면서도 평안히 누워 있었다.

어떤 때는 사람의 위를 짧게 비추었다, 사람이 다 통과한 후에는 도로 길게 비추었다 하는, 자기와 함께 나아가는 자기 그림자를 들여다보면서 엘리자베트는 본능적으로 발을 움직였다.

'아, 잘못하였군. 그 애들은 내가 나선 다음에 웃었겠지. 잘못하였이. 그럼 어찌하여야 하노? S를 얼려야지. 얼려? 응. 얼린 후엔? 들어야지. 무엇을? 무엇을? 그것을 말이지. 그것이라니? 아 —— 그것이라니? 모르겠다. 사탄아 물러가거라. S가 이환 씨의 누이이고, S가 혜숙의 동무이고. 또 내 동무이고. 이환 씨는 동무의 오빠이고. 사람이 다니고. 전차. 아이고 무엇이 무엇인지 모르게 되었다. 왜 웃는단 말인가? 왜? 우스우니깐 웃지. 무엇이 우스워? 참 무엇이 우스울까?

그는 또 한 번 웃었다. 그렇지만, 이 웃음은 기뻐서 웃는 것도 아니고 즐거워서 웃는 것도 아니다. 다만 우스워서 웃는 것이다. 그가 왜 우스운지 그 이유를 해석하려고, 혼돈된 머리로 생각하면서, 발은 본능적으로 차차 집으로 가까이 옮겨 놓았다.

구부러진 길을 돌아설 때에 그는 아직껏 보고 오던 자기 그림자를 잃어버린 고로 잠깐 멈칫 섰다가 또 한 번 해석지 못한 웃음을 웃고 다시 걷기 시작하였다.

그가 집에 들어설 때는 다섯 시 반 좀 지난 후, K남작은 방금 저녁을 먹고 처와 아이들이 저녁을 먹을 때이다. 조선의 선각자로 자임하는 남작은 내외의 절과 안방 사랑의 별은 폐하였지만, 남존여비의 생각은 아직껏 확실히 지켜 왔다.

엘리자베트는 먹기 싫은 밥을 두어 술 먹은 후에 자기 방으로 돌아와서 아직 어둡지도 않았는데 전등을 켜고 책궤상 머리에 가 앉았다.

아무 작용도 아니 하는 눈을 공연히 멀거니 뜨고 책상을 오르간으로 삼고 다뉴브 곡을 뜯으면서 그는 머리를 동작시키고 있었다. 웃음, S, 이환, 결혼, 신혼 여행, 노후의 안락, 또는 거기는 조금도 상관없는 다른 공상이 속속들이 그의 머리에 왕래하였다.

끝없이 나는 공상을 두 시간 동안이나 한 후에 이제껏 희미하니 아물아물 기어가는 것같이 보이던 벽의 흑점이 똑똑히 보이기 시작할 때에 그는 자리를 펴고 자고 싶은 생각이 났다.

아까 저녁 먹을 때에 남작의,

"오늘 밤에는 회가 있는 고로 밤 두 시쯤 돌아오겠다."

는 말을 들은 엘리자베트는 별로 안심이 되어 자리를 펴고 전 나체가 되어 드러누웠다.

몇 가지 공상이 또 머리에서 왕래하다가 그는 잠이 들었다.

한참 자다가 열한 시쯤 자기를 흔드는 사람이 있는 고로 그는 눈을 번쩍 떴다. 전등 아래 의관을 한 남작이 그를 들여다보고 있었다. 엘리자베트는 갑자기 잠이 수천 리 밖에 퇴산하는 것을 깨달았다. 그는 남작이 자기를 들여다보는 눈으로 남작의 요구를 깨달았다. 하고 겨우 중얼거렸다.

"부인이 알으시면?"

'아차!'

그는 속으로 고함을 쳤다.

'부인이 모르면 어찌한단 말인가……? 모르면……? 이것이 허락의 의미가 아닐까? 그러면 너는 그것을 싫어하느냐? 물론 싫어하지. 무엇? 싫어해? 내 마음 속에 허락하려는 생각이 조금도 없냐? 아……허락하면 어쨌냐? 그래도…….'

일순간에 그의 머리에 이와 같은 생각이 전광과 같이 지나갔다.

"조용히! 아까 두 시에야 돌아오겠다고 하였으니깐 모르겠지요."

남작은 말했다.

이제야 엘리자베트는 아까 남작이 광고하듯이 지껄이던 소리를 해석하였다. 그리고 두 번째 거절을 하여 보았다.

"부인이 계시면서두?……."

'아차!'

그는 또 속으로 고함을 안 칠 수가 없었다.

'부인이 없으면 어찌한단 말인가……? 이것은 허락의 의미가 아닐까? ……?'

남작은 대답 없이 엘리자베트를 뚫어지게 들여다보고 있었다.

"왜 그리 보세요?"

그는 남작의 시선을 피하면서 별한 웃음 —— 애걸하는 웃음 —— 거러지의 웃음을 웃으면서 돌아누웠다.

'아차!'

그는 세 번째 고함을 속으로 발하였다.

'이것은 매춘부의 웃음, 매춘부의 행동이 아닐까……?'

몇 번 거절에 실패를 한 엘리자베트는 마지막에는 자기에게 대해서도 정이 떨어지게 되었다. 그는 뉘게 대하여선지는 모르면서도 모르는 어떤 자에게 골이 나서 몸을 꼬면서 좀 날카롭게……그래도 작은 소리로 말했다,

"싫어요, 싫어요."

남작은 역시 대답이 없었다.

엘리자베트는 갑자기 방 안이 어두워지는 것을 알았다. 남작이 불을 끈 것이다. 그 후에는 남작의 의복 벗는 소리만 바삭바삭 났다. 엘리자베트는 정신이 아득해지고 말았다.

정신이 아득하여진 엘리자베트는 한참 있다가 거기서 직수면 상태로 들어서 푹 잠이 들었다가 다섯 시쯤 동편 하늘이 좀 자홍색을 띠어올 때에 무엇에 놀란 것같이 움쭉하면서 눈을 떴다.

회색 새벽 빛을 꿰어서 몽고메리 회사제 벽지가 눈에 드는 동시에 그의 머리에는 남작이 생각났다. 곁에 사람의 기척이 없는 고로, 남작이 돌아갔을 줄은 확신하면서도 만일 있었다는 하는 의심이 나는 고로, 그는 가만가만 머리를 그편으로 돌렸다. 거기는 남작이 베느라고 갖다 놓았던 책이 서너 권 놓여 있었다.

'그럼 저편 쪽에 있지. 저편 쪽 벽에 꼭 붙어서서 날 놀래려고 준비하고 있지.'

엘리자베트는 흥미 절반 진정 절반으로 이런 생각을 하고 갑자기 남작

이 숨기 전에 발견하려고 머리를 돌이켰다. 거기는 차차 흰 빛으로 변해 오는 새벽 빛에 비친 벽지의 모양만 보였다.

'어느 틈에 또 다른 편으로 뛰었군!'

하면서 그는 남작을 잡느라고 이편 편으로 머리를 휙휙 돌리다가,

'일어나야 순순히 나올 터인가 원.'

하면서 벌떡 일어나 앉아서 의복을 입기 시작하였다. 속곳, 바지로서 버선까지 신는 동안에, 그의 머리에는 남작을 잡으려는 생각은 없어지고 엊저녁 기억이 차차 부활키 시작하였다.

'내 속이 왜 그리 약하단 말인고? 정신이 아득하여질 이유가 어디 있어? 아무래도 그렇게 되겠으면 정신이나…… 아 —— 지금 남작은 무엇하고 있노?'

그는 자기가 남작에 대하여서도 애정을 가지게 된 것을 깨달을 때에 차라리 놀랐다. 마음 속에서는 또 적막의 덩어리가 뭉쳐 나왔다. 그는 무한 울고 싶었다. 그는 시계를 보았다. 아직 다섯 시 십삼 분이다.

'울 시간이 넉넉하지.'

이 생각을 할 때에 그는 참지 못하여 고꾸라져서 흑흑 느끼기 시작하였다.

'남작은 아내가 있는 사람이다. 아내가 있는 사람에게…… 내 전정은 어떠할까……'

울음이 끝나기까지 한참 운 그는 눈물이 자연히 멎은 후에 머리를 들었다. 아침 햇빛은 눈이 시도록 방을 들이쬐고 있었다.

밝은 햇빛을 본 연고인지, 실컷 울은 연고인지, 엘리자베트는 오랫동안 벼르던 원수를 갚은 것같이 별로 속이 시원한 고로 일어서서 세수를 하러 갔다.

세수를 한 후에 그는 거기서 잠깐 주저치 않을 수가 없었다. 밥을 먹으러 가나 안 가나? 밥은 먹어야겠고, 거기는 남작이 있겠고…….

그러다가 그는 필사적 용기를 내고 밥을 먹으러 갔다. 거기는 남작은 없었지만, 그는 부인과 아이들에게도 할 수 있는 대로 낯을 안 보이게 하고 밥을 먹었다. 그런 후 자기 방에 와서 이부자리를 간지피고 책보를 싸 가지고 학교로 향하였다. 정문 밖에 나선 그는 또 한 번 주저치 않을 수가 없었다. 이 길로 가나, 저 길로 가나? 이 길로 가면 이환이를 만나겠고, 저 길로 가면 대단히 멀고.

그의 마음 속에는 쟁투가 일어났다. 자기에게 대하여 애정을 내지도 않는 이환의 앞을 복수 겸으로 유유히 지나갈 때의 자기의 상쾌를 그는 상상하여 보았다. 이환이는 그 일을 모르겠지만, 이렇게 하는 것이 엘리자베트에게는 한 쾌락 —— 만약 엘리자베트에게 복수할 마음이 있다 하면 —— 에 다름 없었다. 그렇지만 그는 이환이를 사랑하였다. 글자 그대로 '자기 몸과 동 정도로 그를 사랑' 하였다. 이러한 엘리자베트는 그러한 참혹한 일은 행할 수가 없었다.

'이 길로 갈까, 저 길로 갈까?'

그는 생각이 정키 전에 어느덧 먼 길 —— 안 만나게 되는 길 —— 편으로 발을 옮겨 놓았다. 학교에서도 엘리자베트는 성가신 일일을 보내고 하학 후 집으로 돌아왔다.

3

단조하고도 복잡한 엘리자베트의 생활은 여전히 연속하여 순환되고 있었다. 아침 깨어서는 학교에 가고, 하학 후에는 아이들과 마주 놀고, 자고. —— 다만 전보다 변한 것은 평균 일 주 이 회의 남작의 방문을 받는 것이다. 대개는 엘리자베트가 예기한 날 남작이 왔다. 남작이 오리라 생각한 날은 엘리자베트는 열심으로 남작을 기다렸다. 그렇지만 그 방은 남작 부인의 방과 그리 멀지 않은 고로 남작이 와도 그리 말은 사괴지 못하였다. 엘리자베트는 그것으로 남작이 와 있을 동안은 너무 갑갑하여 빨리 돌아가기를 기다렸다. 치만 일단 남작이 돌아가고 보면 엘리자베트는 남작이 좀더 있지 않는 것을 원망하고 무한한 적막을 깨달았다.

만약 엘리자베트가 예기한 날 남작이 오지를 않으면 그는 어찌할 줄 모르게 속이 타고 질투를 하였다. 그렇지만 이보다 더 큰 고통이 엘리자베트에게 있었다. 때때로 이환의 생각이 나는 것이다. 그런 때는,

'자기도 나를 생각지 않는데 내가 그러면 뭣 하는가.'

'내가 자기와 약혼을 했댔나.'

등으로 자기를 위로하여 보았지만, 대개는 '변해*'를 '미안'이 쳐 이겼다. 그럴 때는 문자 그대로 '심장을 잘 들지 않는 칼로 베어 내는 것' 같았다. 그렇게 되면 그는 고꾸라져서 장시간의 울음으로 겨우 자기를 위로하곤 하였다.

그는 부인에 대하여서도 미안을 감하였다.

'남편을 가로앗았는데 왜 미안치를 않을까.'

그는 때때로 중얼거렸다.

그러는 새에도 학교에는 열심으로 상학하였다. 학교에도 무한한 혐오의 정과 수치의 염이 나지마는, 집에 있으면 더 큰 고통을 받는 그는 일종의 위안을 얻노라고 상학하였다. 그 동안 시절은 바뀌었다. 낮잠 잘 오고 맥이 나는 봄 시절은 비 많이 오는 첫여름으로 변하였다.

4

엘리자베트와 남작의 첫 관계가 있은 후 다섯 번 일요일이 찾아왔다.

오후 소아 주일 학교 교사인 엘리자베트는 소아 교수와 예배를 필한

---

* 변해(辯解) 말로 풀어 자세히 밝힘.

후에 아이들 틈을 꿰면서 예배당을 나섰다.

벌겋고 누런 장마 때 저녁 해는 절벅절벅하는 길을 내리쪼이고 있었다. 북편 하늘에는 비를 준비하는 검은 구름이 걸려 있었다.

엘리자베트가 예배당 정문을 나설 때에,

"너 이즈음 학교에 왜 다른 길로 다니니?"

하는 혜숙의 소리가 그의 뒤에서 났다.

엘리자베트는 돌아보지도 않고 속으로 다만,

'다른 길로 학교엘 다녀? 다른 길로 학교엘 다녀?'

하면서 집으로 향하였다. 남작 집 정문을 들어서려 하다가 그는 우뚝 섰다. 혜숙의 말이 이제야 겨우 해석되었다.

'응, 다른 길로 학교엘 다닌다니, 내가 다른 길로 학교에를 다닌다는 뜻이로군.'

그는 별한 웃음을 웃고 자기 방으로 향하였다.

자기 방에 들어서서 책보를 내던지고 앉으려 하다가 그는 또 한 번 꼿꼿이 섰다. 사지가 꼿꼿하여지는 것을 깨달았다. 십여 초 동안 이와 같이 꼿꼿이 섰던 그는, 그 자리에 고꾸라졌다. 그의 가슴에서는 무슨 덩어리가 뭉쳐서 나오다가 목에서 잠깐 회전하다가 그 덩어리가 코와 입으로 폭발하곤 한다. 그럴 때마다 눈에서는 눈물이 폭폭 쏟아지고 가슴은 싹싹 베어 내는 것같이 아팠다.

그에게는 두 달 동안 몸이 안 난 것이 생각이 났다. 잉태! 엘리자베트에게 대하여서는 이것이 '죽어라.' 하는 명령보다도 혹독한 것이다.

그는 잉태가 무섭지는 않았다. 그렇지만 그의 미래 —— 희미하고 껌껌한 그의 '생' 가운데 다만 한 줄기의 반짝반짝하게 보이는 가는 광선 —— 이러한 미래를 향하고 미끄러져서 나아가던 그는, 잉태로 인하여 그 미래를 잃어버렸다. —— 그 미래는 없어졌다.

엘리자베트의 울음은 이것을 깨달은 때에 나오는 진정의 울음이다. 심장 복판 가운데서 나오는 참 눈물이다.

이렇게 한참 운 그는 눈물 주머니가 다 마른 후에 겨우 머리를 들고 전등을 켰다. 눈이 붉어지고 눈두덩이 부은 것을 스스로 깨달을 수가 있었다. 그는 자기 배를 내려다보았다. 그의 눈에는 보통보다 곱 이상이나 크게 보였다.

'첫배는 그리 부르지 않는다는데. 게다가 달 반밖에는 안 되었는데.'
하고 그는 다시 보았다. 조금도 부르지를 않았다.

'그래도 안 부를 수가 있나?'
하고 그는 또다시 보았다. 보통보다 삼 곱이나 크게 보였다.

쾅쾅 하는 아이의 발소리가 이럴 때에 엘리자베트의 방으로 가까이 온다. 엘리자베트는 빨리 어두운 편으로 향하였다. 문이 열리며 여덟 살 된 남작의 아들이 나타나서 엘리자베트에게 저녁을 재촉하였다. 저녁을 먹으러 가기가 싫은 엘리자베트는 안 먹겠다고 대답할 수밖에는 없었다.

아이가 돌아간 뒤에 엘리자베트는 중얼거렸다.

'꼭 좋은 때 울음을 멈추었군. 좀더 울었더면 망신할 뻔했다.'

조금 후에 부인은 친절하게 죽을 쑤어다가 그에게 주었다. 죽을 먹고 죽그릇을 돌려보낸 후에, 아까 울음으로 얼마 속이 시원하여지고 원기까지 좀 회복한 엘리자베트는 남작과 이환 두 사람을 비교하기 시작하였다. 그는 마음 속에 두 사람을 그린 후에 어느 편이 자기에게 더 가깝고 더 사랑스러운고, 생각하여 보았다. 사랑스럽기는 이환이가 더 사랑스럽지만, 가깝기는 아무래도 남작이 더 가까운 것같이 생각된다.

이와 같은 결단은 그의 구하는 바를 채우지를 못하였다. 그는 사랑스러운 편이 더 가깝고, 가까운 편이 더 사랑스럽기를 원하였다. 그렇지만 사랑과 사싸움은 평행으로 나가서 아무 데까지도 합하지를 않았다. 그는 평행으로 나가는 사랑스러움과 가까움이 어디까지나 나가는가를 알려고, 마음 속에 둘을 그려 놓고 그 둘을 차차 연장시키면서 눈알을 굴려서 그것들을 따라가기 시작하였다.

둘은 종시 합하지 않았다. 끝까지 평행으로 나갔다. 사랑스러움과 가까움은 끝까지 분립하여 있었다. 여기 실패한 엘리자베트는 다시 다른 생각으로 그것을 보충하리라 생각하였다.

사랑스러운 편이 자기에게 더 정다울까, 가까운 편이 더 정다울까? 그는 생각하여 보았다. 어떻든 둘 가운데 하나는 정다워야만 된다고, 그는 조건을 붙였다. 그렇지만 엘리자베트는 여기서도 만족한 결론을 얻지 못하였다.

아까 생각과 이번 생각이 혼돈되어 나온 결론은 다른 것이 아니다.

'사랑스러운 편이 물론 자기에게 더 가깝다.'

는 것이다.

'그렇게 되면 정다운 편은 어느 편인고?'

그는 생각하여 보았지만, 머리가 어지러운 것이 완전한 해결을 얻지 못하게 되었다.

엘리자베트는 속이 답답하여졌다.

자기에게는 '사랑스러움'과 '가까움'이 온전히 분립하여 있는 것을 안 엘리자베트는 어느 편이 자기에게 더 정다울지를 알지 못하게 되었다. 둘이 동 정도로 정답다 하는 것은 엘리자베트 자기가 생각하여 보아도 있지 못할 일이다. 남작과 이환 사이에는 어떤 차이가 있었다.

두 번째 생각도 실패로 돌아갔다.

두 번이나 실패를 한 엘리자베트는 이번은 직접 당인으로 어느 편이 자기에게 더 정답게 생각되는가 자문하여 보았다.

이환이가 더 정답다 생각할 때에도 마음에 얼마의 가책이 있고, 그러니 남작이 더 정답다 생각할 때에는 더 큰 아픔이 마음에서 일어난다. 그는 억지로 생각의 끝을 또 다른 데로 옮겼다.

엘리자베트는 맨 처음 생각을 다시 하여 보았다. 이번도 사랑스러움은 이환의 편으로 갔다. '이환이가 더 사랑스럽고, 사랑스러운 편이 자기에게 더 가까우니까 이환이가 자기에게 물론 더 가깝다. 따라서 정다움도 이환의 편으로 간다.' 그는 억지로 이렇게 해결하였다.

이렇게 해결은 하였지만 또 한 의문이 있었다.

'그러면 가깝던 남작은 어찌 되는가?'

그는 생각하여 보았다. 맨 첫 번과 같이 역시 남작은 자기에게는 더 친밀하게 생각되었다. 그럼 이환이는……?

이환에 대한 미안이 마음 속에 떠올라 오기 시작하였다. 그는 속이 타서 팔을 꼬면서 허리를 젖혔다. 그 때에 벽에 걸린 캘린더가 그의 시선과 마주쳤다. 캘린더는 다른 사건을 엘리자베트의 머리에 생각나게 하였다. 이 절박한 새 사건은 이환의 생각을 머리에서 내쫓기에 넉넉하였다. 오늘 밤에는 남작이 오리라 하는 생각이다. 이 생각이 엘리자베드에게 잉태를 생각나게 하였다. 남작이 오면 모든 일 — 잉태와 거기 대한 처치 — 을 다 말하리라, 엘리자베트는 생각하였다. 그리고 남작에게 할 말을 생각하기 시작하였다.

말은 짧지마는, 이 말을 남작에게 하는 것은 엘리자베트에게 큰 부끄러움에 다름없었다. 그는 자기에게 부끄럽지 않고 남작이 알아들어야 된다는 조건 아래서 할 말을 복안하여 보았다. 한 번 지어서 검열한 후 교정을 가하고, 두 번 하고 세 번 네 번 하여 보았지만, 자기 뜻대로 되지를 않았다.

이렇게 한참 생각할 때에 문이 열리며 남작이 들어왔다. 엘리자베트의 복안은 남작을 보는 동시에 쪽쪽이 헤어지고 말았다. 그는 다만 남작에게 매달려 통쾌히 울고 남작이 아프도록 한번 꼬집어 주고 싶었다. 남작의 '아이고!' 소리, '이 야단났구만.' 소리를 듣고 싶었다. 그는 이 생각을 억제하느라고 손으로 '해변의 곡'을 뜯기 시작하였다.

둘은 전과 같이 서로 마주 흘겨만 보고 있었다.

엘리자베트에게는 싸움이 일어났다.

'말할까 말까? 할까? 말까? 어찌할꼬?'

이러다가 갑자기 무의식히,

"선생님!"

하고 남작을 찾은 후에 자연히 머리가 수그러지는 것을 깨달았다. 남작은 찾았는데 그 뒷말을 어찌할꼬? 이것이 엘리자베트의 마음에 일어난 제일 큰 문제이다. '해변의 곡'을 뜯던 손도 어느 틈에 멎었다. 엘리자베트는 자기가 어디 있는지도 똑똑히 의식치 못하리만큼 마음이 뒤숭숭하였다. 낯도 후끈후끈 단다.

"네?"

남작은 대답하였다.

남작이 대답한 것을 엘리자베트는 속으로 원망하였다. 남작이 엘리자베트 자기가 부른 소리를 못 들었으면 좋겠다 하는 희망을 엘리자베트가 품는 동시에 남작은 엘리자베트의 부름에 대답을 한 것이다.

엘리자베트는 나가지도 못하고 물러서지도 못할 지경에 이르렀다. 자기가 부르고 남작이 대답을 하였으니 설명은 하여야겠고, 그러니 그 말을 어찌하노? 그러다가 그는 갑자기 울기 시작하였다.

'이 울음에서 얼마의 효과가 나타나리라.'

엘리자베트는 울면서 생각하였다.

"왜 그러오?"

남작은 놀란 소리로 물었다.

"아 —— 아! 어찌할까요?"

"무엇을?"

엘리자베트는 대답 대신으로 연속하여 울었다. 한참이나 혼자 울다가 그는 입술을 꽉 물었다. 아까 대답을 못한 자기를 책망하였다.

남작이 '왜 그러는가?' 물을 때가 대답하기는 절호의 기회인 것을, 그 기회를 비게 지나 보낸 엘리자베트는 자기를 민하다* 생각하지 않을 수가 없었다. 그리고 다시 그런 기회를 기다려 보았지만 남작은 아무말 없이 가만히 있었다.

'좀더 심히 울면 남작이 무슨 말을 하겠지.' 생각하고, 엘리자베트는 좀더 빨리 어깨를 젓기 시작하였다.

"아, 왜 그러오?"

남작은 이것을 보고 물었다.

엘리자베트는 대답을 또 못 하였다.

'무엇이라고 대답할꼬.' 생각하는 동안에 기회는 지나갔다. 이제는 대답을 못 하겠고 아까는 대답을 못 하였으니, 다시 기회를 기다려 보자, 엘리자베트는 생각하고 기회를 다시 기다리기 시작하였다.

'그러니 이번 물을 때에는 무엇이라 대답할까?'

엘리자베트는 울면서 생각하여 보았다.

이 때에 남작의 세 번째 물음이 이르렀다.

"아, 왜 그런단 말이오?"

"잉태."

대답을 한 후에 엘리자베트는 자기의 용기에도 크게 놀랐다. 이 말이 이렇게 쉽게 평탄하게 나올 것이면, 아까는 왜 안 나왔는고 하는 생각이 엘리자베트의 머리에 지나갔다.

"잉태?"

남작은 놀란 목소리로 엘리자베트의 말을 다시 하였다. 제일 어려운 말 —— 잉태란 말을 하여 넘기고, 남작의 놀란 소리까지 들은 엘리자베트는 갑자기 용기가 몇 배가 많아지는 것을 깨달았다. 그 뒷말은 술술 잘 나왔다.

---

* 민하다 조금 미련스럽다.

"병원에 — 가서 — 떨어쳤으면…… 어…….."

남작은 대답이 없었다. 남작이 대답을 안 하는 것을 본 엘리자베트는 마음 속에 갑자기 한 무서움이 떠올라 왔다. 난 모른다 하고 돌아서지나 않을 터인가? 이것이 엘리자베트에게는 제일 큰 무서움에 다름없었다. 훌쩍훌쩍 소리가 더 빨리 나오기 시작하였다.

이것을 본 남작은 성가신 듯이 물었다.

"원, 어찌하란 말이오? 그리 울면……."

"어떻게든…… 처치…….."

엘리자베트는 겨우 중얼거렸다. 남작의 성낸 말을 들은 때는 엘리자베트의 용기는 다 도망하고 말았다.

"처치라니, 어떤?"

"글쎄…… 병원…….."

"병원?…… 응!…… 양반이 그런…….."

엘리자베트는 '그러리라.' 생각하였다. '그래도 남작이라고 존경까지 받는 사람이 낙태 일로 병원이라니.' 그는 갑자기 설움이 더 나왔다. 가는 소리를 내어 울기 시작하였다.

이것을 본 남작은 좀 불쌍하게 생각났던지 정답게 말하였다.

"우니 할 수 있소? 자, 어떻게 하잔 말이오?"

이 말을 들은 엘리자베트는 일변 기쁘고도 일변은 더 섧고 억지도 쓰고 싶었다. 그는 날카롭게 말했다.

"모르겠어요, 몰라요. 전 아무래도 상것이니깐."

"그러지 말구, 어쩌잔 말이오?"

"몰라요, 몰라요. 저 같은 것은 사람이 아니니깐."

"조용히! 저 방에서 듣겠소."

"들어두 몰라요."

엘리자베트는 소리를 내어 울기 시작하였다.

"에 —— 익!"

하고 남작은 벌떡 일어섰다.

　엘리자베트도 우덕덕 정신을 차리고 머리를 들었다. 그는 정신이 없어졌다. 자기 뇌를 누가 빼어간 것같이 마음 속이 텅텅 비게 되면서 퉁퉁거리며 걸어 나가는 남작의 뒷모양을 눈이 멀거니 보고 있었다.

　남작이 나가고 문을 닫는 소리가 엘리자베트의 귀에 들어올 때에, 그의 머리에는 한 생각이 번갯불과 같이 번쩍 지나갔다.

　한참이나 멀거니 그 생각을 하고 있다가 또 엎디며 울기 시작하였다. 아까 실컷 운 그는, 이번에는 눈물은 안 나왔지만 가슴에서, 배에서, 머리에서 나오는 이 참울음은 눈물을 대신키에 넉넉하였다. 그는 아까 혜숙의 말의 의미와 나온 것을 이제야 겨우 온전히 깨달았다.

'내가 다른 길로 다니는 것을 혜숙이가 어찌 알까? 어찌 알까? 혜숙이는 이것을 알 수가 없다. 이환! 그가 알고 이것을 S에게 말하였다. S는 이것을 혜숙에게 말하였다. 혜숙은 이것을 내게 물었다. 그렇다! 이렇게밖에는 해석할 수가 없다. 무론* 그렇지! 그러면 그도 내게 주의를 한 거지? 이 말을 S에게까지 한 것을 보면 그도 —— 내게……그도 —— 내게……그도……남작. 남작은 내 말을 듣고 도망하였지. 아니 도망시켰지. 아니 도망했지. 남작은……남작의……이환 씨. 전에 본 S의 웃음. 응! 그 전날 그는 S에게 고백하였다. 그것을 고것이, 고것들이. 고, 고, 고것들이……어찌 되나? 모두 어찌 되나? 나와 남작, 나와 이환 씨, 이환 씨와 S, S와 남작. S. 혜숙이, 남작과 이환 씨. 모두 어찌 되나?'

그의 차차 혼돈되어 가는 머리에도 한 가지 생각은 꼭 들러붙어서 떠나지를 않았다. 그는 이환이를 사랑하였다. 이환이도 그를 사랑하였다. (엘리자베트는 이것을 의심치 않게 되었다.) 그렇지만 그들에게는 서로 사랑을 고백할 만한 용기가 없었다. 그것으로 인하여 그들은 각각 자기 사랑은 짝사랑이라 생각하였다. 그것을 짝사랑이라 생각한 엘리자베트는 그렇게 쉽게 몸을 남작에게 허락하였다. 그리하여 그의 사랑 —— 거반 성립되어 가던 그의 사랑 —— 신성한 동애 —— 귀한 첫사랑은 파괴되었다. 육으로 인하여 사랑은 파멸되었다. 사랑치 않던 사람으로 인하여 참애인을 잃었다. 엘리자베트의 울음에는 당연한 이유가 있었다.

'모, 모, 몸으로 인하여……참사랑……을……아 —— 이환 씨…… S와 혜숙이. 고것들도 심하지. 우우, 왜 당자에겐……그이…… 그 —— 그 이야기를 안 해…… 남작이. 아 —— 잉태."

일단 멎어 가던 그의 울음이 이 생각이 머리에 지나갈 때에 또다시 폭발하였다. 눈물도 조금씩 나기 시작하였다.

---

* **무론**(毋論) 물론.

이와 같이 한참 운 그는 두 번째 울음이 멎어갈 때에 맥이 나면서 그 자리에 엎딘 채로 잠이 들었다.

5

하루 종일 벼르기만 하고 올 듯 올 듯 하면서도 오지 않던 비가 이튿날 새벽부터는 종시 내려붓기 시작하였다.

서울 특유의, 독으로 내려붓는 것 같은 비는 이삼 정 앞이 잘 보이지 않도록 좔좔 소리를 내며 쏟아진다.

서울 장안은 비로 덮였다. 비로 싸였다. 비로 찼다.

그 비 가운데서도 R학당에서는 모든 과목을 다 한 후에 오후 두 시에 하학하였다. 엘리자베트는 책보를 싸 가지고 학교를 나섰다.

그가 혜숙의 곁을 지나갈 때에 혜숙이가 찾았다.

"애 엘리자베트야!"

"응?"

대답하고 엘리자베트는 마음이 뜨끔하였다.

'혜숙이는 모든 일을 다 알리라.'

그는 이와 같은 허황한 생각을 하였다.

"너 이즈음 왜 우리 집에 안 오니?"

"분주하여서……."

엘리자베트는 거짓말을 하면서도 안심을 하였다.

'혜숙이는 모른다.'

"무엇이 분주해?"

혜숙이가 물었다.

"그저 이 일두 분주하고 저 일도 분주하구…… 분주 천지루다."

엘리자베트는 이와 같은 거짓 대답을 하면서도 그의 마음 속에는 한 바람이 있었다. 그는 달 반이나 못 간 혜숙의 집에 가 보고 싶었다. 혜숙이가 억지로 오라면 마지못하여 가는 체하고 끌려가고 싶었다.

혜숙이는 엘리자베트의 바람을 이루어 주지를 않았다. 아무 말도 안 하였다.

엘리자베트는 혜숙의 주의를 끌려고 혼자말 비슷이 중얼거렸다.

"너무 분주해서……."

"분주할 일은 없겠구만……."

혜숙이는 이 말만 하고 자기 갈 길로 향하였다. 엘리자베트는 혜숙의 행동을 원망하면서 마지못하여 집으로 향하였다.

엘리자베트의 자존심은 꺾어졌다. 혜숙이가 엘리자베트 자기를 꼭 혜숙의 집에 끌고 가야만 바른 일이라 생각한 엘리자베트의 미릿생각*은 헛데로 돌아갔다. 그렇지만 혜숙을 원망하는 것은 부끄러운 일이라 엘리자베트는 생각하였다.

'내가 혜숙이를 위해서 났나?'

엘리자베트는 이렇게 자기를 위로하여 보았지만 부끄러운 일이든 무엇이든 원망은 원망대로 있었다. 이러다가,

"내가 혜숙이로 인하여 이 지경에 이르지 않았는가? 그것을……."

할 때에 엘리자베트의 원망은 다른 의미로 바뀌었다. 그는 혜숙의 집에 못 간 것이 다행이라 생각하였다. 그러는 가운데도 가고 싶은 생각이 온전히 없어지지 않았다. 그의 마음 속에서는 '가고 싶은 생각' 과 '가서는 안 된다는 생각' 이 다투기 시작하였다. 본능적으로 길을 골라 짚으면서, 비가 오는 편으로 우산을 대고 마음 속의 싸움을 유지하여 가지고 집에까지 왔다. 그는 우산을 놓고 비를 떤 다음에 자기 방에 들어왔다.

멀끔히 치워 놓은 자기 방은 역시 전과 같이 엘리자베트에게 큰 적막

----

* 미릿생각 예상.

을 주었다. 방이 이렇게 멀끔할 때마다 짐짓 여기저기 늘어 놓던 엘리자베트도 오늘은 혜숙의 집에 갈까말까하는 번민으로 인하여 그렇게 할 생각도 없었다. 그는 책상머리에 가 앉았다.

책상 위에는 어떤 낯선 종이가 한 장 엘리자베트를 기다리고 있었다. 엘리자베트는 빨리 종이를 들었다. 가슴이 뛰놀기 시작한다……

'월 무엇인고?'

그는 종이를 들고 한참 주저하다가 눈을 종이 편으로 빨리 떨어쳤다.

'오후 세 시 S병원으로.'

남작의 글씨로다. 엘리자베트는 생각하였다. 남작에 대한 애경*의 생각이 마음 속에 떠올라오기 시작하였다. 이 글 한 줄은 엘리자베트로서 남작에 대한 원망과 혜숙의 집에 갈까말까의 번민을 다 지워 버리기에 넉넉하였다.

'역시 도망시킨 것이로군.'

그는 어젯밤 일을 생각하고 속으로 중얼거렸다. 어젯밤에 남작에게 병원에 데려다 달라고 청하기는 하였지만 갑자기 남작 편에서 꺾어져서 오라 할 때에는 엘리자베트는 못 가겠다 생각하였다.

이 '부정'은 엘리자베트로서 무의식히 일어서서 병원으로 향하게 하였다. 그는 '못 가겠다 못 가겠다.' 속으로 중얼거리면서 문 밖에 나서서 내리붓는 비를 겨우 우산으로 막으면서 아랫동이 모두 흙투성이가 되어서 전차 멎는 곳까지 갔다. 그는 자기가 어디로 가는지 똑똑히 알지 못하였다. 꿈과 같이 걸었다.

엘리자베트는 멎는 곳에서 잠깐 기다려서, 오는 전차를 곧 잡아 탔다. 비가 너무 와서 밖에 나가는 사람이 적었던지 전차 안은 비교적 승객이 없었다. 이 승객들은 엘리자베트가 올라탈 때에 일제히 머리를 새 나ㄴ네

---

* 애경(愛敬) 공경하고 사랑함.

편으로 향하였다. 엘리자베트는 빈 자리를 찾아 앉아서 차 안을 둘러보았다. 그는 자기 편으로 향한 모든 눈에서 노파에게서는 미움, 젊은 여자에게서는 시기, 남자에게서는 애모를 보았다. 이 모든 눈은 엘리자베트에게 한 쾌감을 주었다. 그는 노파의 미워하는 것이 당연하다 생각하였다. 젊은 여자의 시기의 눈은 엘리자베트에게 이김의 상쾌를 주었다. 남자들의 애모의 눈이 자기를 볼 때에는 엘리자베트는 약한 전류가 염통을 지나가는 것같이 묘한 맛이 나는 것이 어째 하늘로라도 뛰어 올라가고 싶었다. 그는 갑자기 배가 생각난 고로 할 수 있는 대로 배를 작게 보이려고 움츠러뜨렸다. 차장이 와서 엘리자베트에게 돈을 받은 후에 뚱 소리를 내고 도로 갔다.

남자들의 시선은 가끔 엘리자베트에게로 날아온다. 그들은 몰래 보느라고 곁눈질하는 것도 엘리자베트는 다 알고 있었다. 남자들이 자기를 볼 때마다 엘리자베트는 자기도 그 편을 보아 주고 싶었다. 치만 종시 실행은 못 하였다.

이럴 동안 전차는 S병원 앞에 멎었다. 엘리자베트는 섭섭할 생각을 품고 전차를 내렸다. 어떤 시선이 자기를 따라온다. 그는 헤아렸다. 비는 보스럭비*로 변하였다.

수레에서 내린 그는 마음이 무거워지는 것을 깨달았다. 그는 집으로 돌아가고 싶었다. 병원에는 차마 못 들어갈 것같이 생각되었다. 집 편으로 가는 전차는 없는가 하고 그는 전차 선로를 쭉 보았다. 그의 보이는 범위 안에는 전차가 없었다. 할 수 없이 그는 병원으로 들어가서 기다리는 방으로 갔다.

고지기*한테 가서 주소, 성명, 연세 들을 기입시킨 후에 방을 한번 둘러볼 때에 엘리자베트의 눈에는 한편 구석에 박혀 있는 남작이 보였다.

---

*보스럭비 '보슬비'의 사투리.
*고지기 일정한 건물이나 물품 따위를 지키고 감시하던 사람. 여기서는 접수계 직원.

엘리자베트는 다른 곳에서 고향 사람이나 만난 것같이 별로 정다워보이는 고로 곧 남작의 곁으로 갔다. 그렇지만 둘은 역시 말은 사귀지 아니하였다. 엘리자베트는 눈이 멀거니 벽에 붙어 있는 파리떼를 보고 있었다.

몇 사람의 순번이 지나간 뒤에 사환아이가 나와서,

"강 엘리자베트 씨요."

할 때에 엘리자베트는 우덕덕 일어섰다. 가슴이 뚝뚝 하는 소리를 내었다.

'어찌하노?'

그는 속으로 중얼거리면서 무의식히 사환아이를 따라서 진찰실로 들어갔다. 남작도 그 뒤를 따랐다. 석탄산과 알코올 냄새에 낯을 찡그리고 엘리자베트는 교자에 걸터앉았다.

의사는 무슨 약병을 장난하면서 머리를 숙인 채로 물었다.

"어디가 아프시오?"

엘리자베트는 대답을 못하였다. 제일 어찌 대답할지를 몰랐고, 설혹 대답할 말을 알았대도 대답할 용기가 없었고, 용기가 있다 하더라도 부끄러움이 '대답'을 허락지 않을 터이다.

"그런 것이 아니라——."

남작이 엘리자베트의 대신으로 대답하려다가 이 말만 하고 뚝 그쳤다.

의사는 대답을 요구치 않는 듯이 약병을 놓고 청진기를 들었다. 엘리자베트는 갑자기 부끄러움도 의식치를 못하리만큼 머리가 어지러워지기 시작하였다. 그의 눈은 보지를 못하였다. 그의 귀는 듣지를 못하였다. 그의 설렁거리는 마음은 다만 '어찌할꼬 어찌할꼬.' 하는 엘리자베트 자기도 똑똑히 의미를 알지 못할 구만 번갈아 하고 있었다.

의사는 엘리자베트에게로 와서 저고리 자락을 열고 청진기를 거기 대었다. 의사의 손이 와 닿을 때에 엘리자베트는 무슨 벌레를 모르고 쥐었다가 갑자기 그것을 안 때와 같이 몸을 움쭉하였다. 그러면서도 엘리자베트는 의사의 손에서 얼마의 온미를 깨달았다. 이성의 손이 살에 와 닿는 것은, 엘리자베트와 같은 여성에 대하여서는 한 쾌락에 다름없었다.

엘리자베트가 이 쾌미를 재미있게 누리고 있을 때에 의사는 진찰을 끝내고 의미 있는 듯이 머리를 끄덕거리며 남작에게로 향하였다. 남작은 의사에게 눈짓을 하였다.

어렴풋하게나마 이 두 사람의 짓을 본 엘리자베트는 이제껏 연속하고 있던 '어찌할꼬.' 뒤로 무한 큰 부끄러움이 떠올라 오는 것을 깨달았다. 그러는 가운데도 그는 희미하니 한 가지 일을 생각하였다.

'내가 대합실에 가서 기다리고 있으면 뒷일은 남작이 다 맡겠지.'

그는 일어서서 기다리는 방으로 나왔다. 그 방에 있던 모든 사람의 눈은 일제히 엘리자베트의 편으로 향하였다. 모두 내 일을 아누나, 엘리자베트는 생각하였다. 아까 전차에서 자기께로 향한 눈 가운데서 얻은 그 쾌미는, 구하려도 구할 수가 없었다. 이 모든 눈 가운데서 큰 고통과 부끄러움만 받은 그는 한편 구석에 구겨 앉아서 치마 앞자락을 들여다보기 시작하였다. 거기는 불에 타진 조그마한 구멍 하나가 엘리자베트의 눈이 오기를 기다리고 있었다. 그는 이 구멍이 공연히 미워서 손으로 빡빡 비비다가 갑자기 별한 생각이 나는 고로 그것을 뚝 그쳤다.

'이 세상이 모두 나를 학대할 때에는 나는 이 구멍 안에 숨겠다.'

그는 생각하였다. 이럴 때에 그 구멍 안에는 어떤 그림자가 움직이기 시작하였다. 첫 번에는 흐릿하던 것이 차차 똑똑히까지 보이게 되었다.

때는 사년 전 '춘삼월 호시절', 곳은 우이동, 피고 우거지고 퍼진 꽃 사이를 벗들과 손목을 마주잡고 웃으며 즐기며, 또는 작은 소리로 곡조를 맞추어서 노래를 부르며 희희낙락 다니던 자기 추억이 그림자로 변하여 그 구멍 속에 나타났다. 자기 일행이 그 구멍 범위 밖으로 나가려 할 때에는 활동사진과 같이 번쩍한 후 일행은 도로 중앙에 와 서곤 한다.

엘리자베트의 눈에는 눈물이 핑 돌았다.

그 때의 엘리자베트와 지금의 엘리자베트 사이에는 해와 흙의 다름이 있다. 그 때에는 순전한 처녀이고 열렬한 분홍빛 탄미자*이던 그가 지금은……? 싫든지 좋든지 죽음의 갈흑색의 '삶' 안에서 생활치 않을 수 없는 그로 변하였다.

'때'도 달라졌다. 십 년 동안 평화로 지낸 지구는 오스트리아 황자의 죽음으로 말미암아 러시아가 동원을 한다, 도이칠란트가 싸움을 하련다, 잉글리시가 어떻다, 프랑스가 어떻다, 매일 이런 이야기가 신문에 가뜩가뜩 차게 되었다.

엘리자베트의 주위도 달라졌다. 그의 모든 벗은 다 쪽쪽이 헤어졌다. R는 동경서 미술 공부를 한다. 또 다른 R은 하와이로 시집을 갔다. T는 여의가 되었다. 그 밖에 아직 공부하는 사람도 몇이 있기는 하지마는 대개는 주부와 교사가 되었다. 주부 된 벗 가운데는 벌써 두 아이의 어머니 된 사람까지 있다. 그들 가운데 한둘밖에는 지금은 엘리자베트를 만나도 서로 모른 체하고 말도 안 하고, 심지어 슬슬 피하게까지 되었다.

그러는 가운데 혜숙이 —— 그는 엘리자베트의 어렸을 때부터의 벗이다. 둘은 같은 소학에서 졸업하고 같이 R학당에 입학하였다가 엘리자베트가 부상*에 연속하여 모상*으로 일 년 학교를 쉬는 동안에 혜숙이도 연담*으로 일 년을 쉬게 되고 엘리자베트가 도로 상학케 될 때에 혜숙이도 파혼으로 학교에 다니게 되었다. 혜숙이는 엘리자베트에게는 유일의 벗이다. 불에 타진 구멍 속에 나타난 그림자 가운데서도 엘리자베트는 혜숙이와 제일 가까이 서서 걸었다.

추억의 눈물이 엘리자베트의 치마 앞자락에 한 방울 뚝 떨어졌다.

눈물로써, 슬프고 섧고 원통하고도 사랑스럽고 즐겁고 회포 많은 그

∗ 탄미자(歎美者) 탄미(감탄하여 크게 칭찬하고 기림)하는 사람.
∗ 부상(父喪) 아버지의 죽음.
∗ 모상(母喪) 어머니의 죽음.
∗ 연담(緣談) 혼담. 결혼에 대해 오가는 말.

그림자가 가리운 고로 엘리자베트는 눈물을 씻고 다시 그 구멍을 들여다보았다. 그 구멍에는 참 예술적 활인화 정조*로 찬 그림자는 없어지고 그 대신으로 갈포 바지가 어렴풋이 보인다. 엘리자베트는 소름이 쭉 끼쳤다. 자기가 지금 어디를 무엇하러 와 있는지 그는 생각났다.

엘리자베트는 머리를 들고 방을 둘러보았다. 어떤 목에 붕대를 한 남자와 어떤 아이를 업고 몸을 찌긋찌긋하던 여자가 자기를 보다가 자기 시선과 마주친 고로 머리를 빨리 돌리는 것밖에는 엘리자베트의 주의를 받은 자도 없고 엘리자베트에게 주의하는 사람도 없다. 그는 갑갑증이 일어났다. 너무 갑갑한 고로 자기 손금을 보기 시작하였다. 손금은 그리 좋지 못하였다. 자식금도 없고 명금도 짧고 부부금도 나쁘고 복금 대신으로 궁금이 위로 빠져 있었다.

이 나쁜 손금도 엘리자베트의 마음을 괴롭게 하지 못하였다. 그의 심리는 복잡하였다. 텅텅 비었다. 그는 슬퍼하여야 할지 기뻐하여야 할지 알지 못하였다. 그 가운데는 울고 싶은 생각도 있고 웃고 싶은 생각도 있고, 뛰놀고 싶은 생각도 있고 죽고 싶은 생각도 있었다. 이 복잡한 심리는 엘리자베트로서 아무 편으로도 치우치지 않게 마음이 텅텅 빈 것같이 되게 하였다. 이제 자기에게는 절대로 필요한 약이 생긴다 할 때에 그는 기쁘지 않을 수가 없었다.

자기의 경우를 생각할 때에 그는 슬퍼하지 않을 수가 없었다.

혜숙이와 S를 생각할 때에…….

엘리자베트가 손금과 추억 및 미릿생각들을 복잡히 하고 있을 때에 남작이 와서 그에게 약을 주고 빨리 병원을 나가고 말았다. 약을 받은 뒤에 엘리자베트는 마음이 두근거리기 시작하였다. 그는 약을 병째로 씹어 먹고 싶도록 애착의 생각이 나는 또 한 편에는 약에게 이 위에 더없는 저주

---

* 정조(情調) 감각에 따라 일어나는 감정.

를 하고 태평양 복판 가운데 가라앉히고 싶었다. 그러는 가운데도 그에게는 집으로 돌아가고 싶은 생각이 났다. 그는 일어서서 몰래 가만히 기지개를 한 후에 허둥허둥 병원을 나서서 전차로 집에까지 왔다.

6

저녁 먹은 뒤에 처음으로 약을 마실 때에 엘리자베트에게는 한 바라는 바가 있었다. 그의 조급한 성격과 미래에 대한 희망이 낳은 바람은 다른 것이 아니다. 약의 효험이 즉각으로 나타났으면……하는 것이다.

이 바람은 벌써 차차 엘리자베트의 머리에 공상으로서 실현된다. 그는 생각하여 보았다. 이제 남작 부인이 죽는다. 그 때에는 엘리자베트는 남작의 정실이 된다.

'조선 제일의 미인, 사교계의 꽃이 이 나로구나.'

엘리자베트는 눈을 번뜩거리며 생각한다.

이환이는 어떤 간사한 여성과 혼인한다. 이환의 아내는 이환의 재산을 모두 없이한 후에 마지막에는 자기까지 도망하고 만다. 그리고 이환이는 거러지가 된다. 어떤 날 엘리자베트 자기가 자동차를 타고 어디 갈 때에 어떤 거러지가 자동차에 친다. 들고 보니 이환이다.

'그렇게 되면 어찌 되나?'

엘리자베트는 스스로 물어 보고 깜짝 놀랐다. 자기의 사랑의 전부가 어느덧 남작에게로 옮겨왔다. 그는 자기의 비열을 책망하는 동시에 아까 그런 공상에 대한 부끄러움과 증오, 놀람, 절망들의 생각이 마음에 떠올랐다. 그 가운데도 가느나마 그에게는 희망이 있다. 앞에 때가 있다. 약의 효험은 얼마 후에야 나타난다더라, 엘리자베트는 생각하고 쫄쫄 오는 장맛비 소리에 귀를 기울이고 자기 바람의 나타남을 기다리고 있었다. 그렇지만 바람은 종시 그 밤은 나타나지를 않았다.

이튿날, 하기 시험 준비 날, 엘리자베트는 시험 준비도 안 하고 하루 종일 누워서 약의 효험을 기다리고 있었다. 약의 효험은 그 날도 안 나타났다. 사흘째 되는 날도 효험은 없었다. 시험하러 가지도 않았다.

이렇게 대엿새 지난 후에 엘리자베트는 자기 건강상의 변화를 발견하였다. 모든 복잡하고 성가신 일로 말미암아 음식도 잘 안 먹히고 잠도 잘 안 오던 그가, 지금은 잠도 잘 오고 입맛도 나게 된 것을 깨달았다. 그 때야 그는 그것이 낙태제가 아니고 건강제인 것을 헤아려 깨달았다. 그렇지만 약은 없어지도록 다 먹었다.

마지막 번 약을 먹은 뒤에 전등을 켜고 엘리자베트는 생각하여 보았다. 병원 사건 이후로 남작은 한 번도 저를 찾아오지 않았다. 엘리자베트는 '그것이 당연한 일이라.' 생각하였다. 그리 근심도 아니 났다. 시기도 아니 하였다. 다만 오지 않아야만 된다. 그는 생각하였다. 왜 오지 않아야만 되는가? 자문할 때에, 그에게 거기 응할 만한 대답은 없었다. 이 '오지 않는다.' 는 구는 엘리자베트로서 자기가 근 두 달이나 혜숙의 집에 안 갔다는 것을 생각하게 하였다.

'이러다는 이환 씨 생각이 나겠다.'

이와 같은 생각이 나는 고로 그는 곧 생각의 끝을 다른 데로 옮겼다. 이와 같이 이 생각에서 저 생각, 또 다른 생각, 왔다갔다 할 때에 문이 열리며 남작 부인이 낮에는 '어찌할꼬.' 하는 근심을 띠고 들어왔다.

"어찌 좀 나으세요?"

"네, 좀 나은 것 같아요."

대답하고 엘리자베트는 자기가 무슨 병이나 앓던 것같이 알고 있는 부인이 불쌍하게 생각났다.

부인은 말을 할 듯 할 듯하면서 한참이나 우물거리다가,

"그런데요."

하고 첫 말을 내었다.

"네?"

엘리자베트는 본능적으로 대답하였다.

부인의 낯에는 '말할까 말까.' 하는 표정이 똑똑히 나타나 있었다. 그러다가 입을 또 연다.

"아까 복손이 어른이 들어와 말하는데요……."

엘리자베트는 마음이 뜨끔하였다. 부인은 말을 연속한다.

"선생님은 이즈음 학교에도 안 가시고 그 애들과도 놀지 못하신다구요. 게다가 병까지 나셨다구 얼마 좀 평안히 나가서 쉬시라고, 자꾸 그러라는군요."

부인의 낯에는 말한 거 잘못하였다 하는 표정이 나타났다.

말을 다 들은 엘리자베트는 벌떡 일어섰다. 그는 무엇이 어찌 되는지도 모르고 무의식히 자기 행리를 꺼내어 거기에 자기 책을 넣기 시작하였다. 그의 손은 본능적으로 움직였다.

엘리자베트의 행동을 물끄러미 보던 부인은 물었다.

"이 밤에 떠나시려구요? 어디로?"

엘리자베트는 우덕덕 정신을 차렸다. 그의 배에서는 뜻없이 큰 소리의 웃음이 폭발하여 나온다. 놀라는 것같이, 우스운 것같이. 부인도 따라 웃는다. 한참이나 웃은 뒤에 둘은 함께 웃음을 뚝 그쳤다. 엘리자베트는 웃음 뒤에 울음이 떠받쳐 올라왔다. 자연히 가는 소리의 울음이 그의 목에서 나온다.

이것을 본 부인은 갑자기 미안하여졌던지 엘리자베트를 위로한다.

"울지 마십쇼. 얼마든 여기 계세요. 제가 말씀드릴 테니……."

"아니, 전 가겠어요."

"어디 갈 곳이 있어요?"

"갈 곳이……."

"있어요?"

"예서 한 사십 리 나가면 오촌모가 한 분 계세요."

"그렇지만…… 이런 데 계시다가…… 촌……."

부인의 눈에도 이슬이 맺힌다.

"제가 말씀…… 잘 드릴 것이니…… 그냥 계시지요."

"아니야요. 저 같은 약한 물건은 촌이 좋아요. 서울 있어야……."

부인의 눈에서는 눈물이 한 방울 뚝 떨어진다.

"서울 몇 해 있을 동안에……갖은 고생 다 하고……하던 것을 부인께서 구해 주셔서……."

부인의 눈에서는 눈물이 뚝뚝 치마 앞자락에 떨어진다.

"참 은혜는…… 내일 떠나지요."

엘리자베트는 눈물을 씻고 머리를 들었다.

"내일? 며칠 더 계시……."

"떠나지요."

"이 장마 때……."

"……."

"장마나 걷은 뒤에 떠나시면……."

"그래두 떠나지요."

7

이튿날 오전 열 시쯤 엘리자베트가 탄 인력거는 서울 성밖에 나섰다.

해는 떴지마는 보스럭비는 보슬보슬 내리붓고 엘리자베트의 맞은편에는 일곱 빛이 영롱한 무지개가 반원형으로 벌리고 있다.

비와 인력거의 셀룰로이드 창을 꿰어서 어렴풋이 이 무지개를 바라보면서 엘리자베트는 뜨거운 눈물을 뚝뚝 떨어뜨리고 있었다……. 어젯밤에 남작 부인에게 자기 같은 약한 것에게는 촌이 좋다고 밝히 말하기는 하였지만, 그래도 반생 이상을 서울서 지낸 엘리자베트는 자기 둘째 고향을 떠날 때에 마음에 떠나기 설운 생각이 없지 못하였다.

뿐만 아니라, 서울에 자기 사랑 이환이가 있고 자기에게 끝없이 동정하는 남작 부인이 있지 않으냐. 엘리자베트는 부인이 친절히 준 돈을 만져 보았다.

이렇게 서울에게 섭섭한 생각을 가진 엘리자베트는 몸은 차차 서울을 떠나지만 마음은 서울 하늘에서만 떠돈다. 어젯밤에 밤새도록 잠도 안 자고 내일은 꼭 서울을 떠나야 한다고 생각하여, 양심이 싫다는 것을 억지로 그렇게 해결까지 한 그도, 막상 서울을 떠나는 지금에 이르러서는 만약 자기가 말할 용기만 있으면 이제라도 인력거를 돌이켜서 서울로 향하였으리라 생각지 않을 수가 없었다. 치만 그에게는 그리할 용기가 없었다. 아니, 제일 말하기가 싫었고 인력거꾼에게 웃기우기가 싫었다. 그러는 것보다도 그는 말은 하고 싶었지만, 마음 속의 어떤 물건이 그것을 막았다. 그는 입술을 악물었다.

인력거는 바람에 풍겨서 한편으로 기울어졌다가 이삼 초 뒤에 도로 바로 서서 다시 앞으로 나아간다. 장마 때 바람은 윙! 소리를 내면서 인력거 뒤로 달아난다.

엘리자베트의 머리에는 갑자기 '생각날 듯 생각날 듯하면서 채 생각나지 않는 어떤 물건' 이 떠올랐다. 그는 생각하여 보았다. 한참 동안 이것저것 생각하다가 남작, 그는 가렵고도 가려운 자리를 찾지 못한 때와 같이 안타깝고 속이 타는 고로 살눈썹을 부들부들 떨었다. '남작' 이 자기 생각의 원몸에 가까운 것 같고도 채 생각나지 않았다.

'남작이 고운가 미운가? 때릴까 안을까? 오랄까 쫓을까?'

그는 한참이나 남작을 두고 이리저리 생각하다가 탁 눈을 치뜨면서 주먹을 꼭 쥐었다. 이제야 겨우 그 원몸이 잡혔다.

"재판!"

그는 중얼거렸다. 그렇지만 남작을 걸어서 재판하는 것은 엘리자베트에게는 큰 문제에 다름없었다. 남작 부인에게 얻은 위로금이 재판 비용으로는 넉넉하겠지만, 자기를 끝없이 측은히 여기는 부인에게 남편이 잘못한 일을 알게 하는 것은 엘리자베트에게는 차마 못할 일이다. 이 일을 알면 부인은 제 남편을 어찌 생각할까? 엘리자베트 자기를 어찌 생각할까? 남작 집안의 어지러움. —— 엘리자베트는 한숨을 후 하니 내쉬었다. 그것뿐이냐? 서울에는 자기 사랑 이환이가 있다. 만약 재판을 하면 그 일이 신문에 나겠고, 신문에 나면 이환이가 볼 것이다. 이환이가 이 일을 알면 자기를 어떻게 생각할까? 또 몇백 명 동창은 어떻게 생각할까? 세상은 어떻게 생각할까?

"재판은 못 하겠다."

그는 중얼거렸다.

그렇지만 남작의 미운 짓을 볼 때에는, 엘리자베트는 가만 있지 못할 것같이 생각된다. 자기는 남작으로 인하여 모든 바람과 앞길을 잃어버리지 않았느냐? 자기는 남작으로 인하여 바람과 앞길 밖에 사랑과 벗과 모든 즐거움까지 잃어버리지 않았느냐? 그런 후에 자기는 남작으로 인하여 서울과는 온전히 떠나지 않으면 안 되지 않게 되었느냐. 이와 같은 남작을…… 이와 같은 죄인을…….

"아무래도 재판은 하여야겠다."

그는 다시 중얼거렸다. 그러면서도 그는 자기로도 재판을 하여야 할지 안하여야 할지 똑똑히 해결치를 못하였다. 하겠다 할 때에는 갑이 그것을 막고, 못 하겠다 할 때에는 을이 금하였다.

'집에 가서 천천히 생각하자.'

그는 속이 타는 고로 억지로 이렇게 마음을 먹고 생각의 끝을 다른 데로 옮겼다. 이 생각에서 떠난 그의 머리는 걷잡을 사이 없이 빨리 동작하였다. 그의 머리는 남작에서 S, 이환, 혜숙, 서울, 오촌모, 죽은 어버이들로 왔다갔다하였다. 한참 이리 생각한 후에 그의 흥분하였던 머리는 좀 내려앉고 몸이 차차 맥이 나면서 그것이 전신에 퍼진 뒤에 머리와 가슴이 무한 상쾌하게 되면서 눈이 자연히 감겼다. 수레가 흔들리는 것이 그에게는 양상스러웠다. 졸지도 않은 채 깨지도 않고 근덕근덕하면서 한참 갈 때에 우르륵 우렛소리가 나므로 그는 눈을 번쩍 떴다.

하늘은 전면이 시커멓게 되고 그 새에서는 비의 실이 헬 수 없이 많이 땅에까지 맞닿았다. 비 곁에 또 비, 비 밖에 비, 비 위에 구름, 구름 위에 또 구름이라 형용할 수밖에 없는 이 짓은 엘리자베트에게 큰 무서움을 주었다.

'저 무지한 인력거꾼 놈이⋯⋯.'

그는 온몸을 부들부들 떨었다. 사면은 다만 어둠뿐이고 그 큰 길에도 사람 다니는 것 하나도 보이지 않았다. 툭툭툭툭 하는 인력거의 비 맞는 소리, 물 괸 곳에 비 오는 소리, 애앵 하고 달아나는 장마 때 바람 소리, 인력거꾼의 식식거리는 소리, 자기의 두근거리는 가슴 소리 ―― 엘리자베트의 떨림은 더 심하여졌다. 그는 떨면서도 조그만 의식을 가지고 구원의 길이 어디 있지나 않은가 하고 셀룰로이드 창을 꿰어서 앞을 내다보았다. 창을 꿰고 비를 꿰고 또 비를 꿰어서 저편 한 이십 간 앞에 조그마한 방성 하나가 엘리자베트의 눈에 띄었다.

"아!"

그는 안심의 숨을 내쉬었다.

'저것이 만약?'

그는 갑자기 생각난 듯이 눈을 비비고 반만큼 일어서서 뚫어지게 내다보았다. 가슴은 뚝뚝 소리를 낸다⋯⋯.

어렴풋이 보이는 그 방성에 엘리자베트는 상상을 가하여 보기 시작하였다. 앞집만 보일 때에는 상상으로 뒷집을 세우고 그것이 보일 때에는 또 상상의 집을 세워서 한참 볼 때에 그 방성은 자기의 오촌모가 있는 마을로 엘리자베트의 눈에 비쳤다. 엘리자베트는 털썩 주저앉았다. 온몸이 흥분하여 피곤하여지고 가슴이 뛰노는 고로 서 있을 힘이 없었다. 가슴과 목 뒤에서는 뚝뚝 소리를 더 빨리 힘있게 낸다.

가뜩이나 더디게 걷던 인력거가 방성 어귀에 들어서서는 더 느리게 걷는다……. 엘리자베트는 흥분한 눈으로 가슴을 뛰놀리면서 그 방성을 보았다. 길에 사람 하나 없다. 평화의 이 촌은 작년보다 조금도 달라진 것이 없다. 작년에 보던 길 좌우 편에만 벌려 있던 이십여 호의 집은 역시 내게 상관 있나 하는 낮으로 엘리자베트를 맞는다. 그 방성 맨 끝 뫼 바로 아래 있는 엘리자베트의 오촌모의 집에 인력거는 닿았다. 비의 실은 그냥 하늘과 땅을 맞맨 것같이 보이면서 힘있게 쪽쪽 내리쏜다. 엘리자베트는 인력거에서 내렸다. 세 시간 동안이나 앉아서 온 그의 다리는 엘리자베트의 자유로 되지 않았다. 그는 취한 것같이 비틀비틀 하며 마치 구름 위를 걷는 것같이 허둥허둥 낮은 대문을 들어섰다. 비는 용서 없이 엘리자베트의 머리에서 가는 모시 저고리, 치마, 구두로 내리쏜다. 대문 안에 들어선 엘리자베트는 어찌할지를 몰라서 담장에 몸을 기대고 우두커니 서 있었다. 그 때에 마침 때좋게 오촌모가 무슨 일로 밖에 나왔다.

"아주머니!"

엘리자베트는 무의식히 고함을 치고 두어 발자국 나섰다. 오촌모는 늙은 눈을 주름살 많은 손으로 비비고 잠깐 엘리자베트를 보다가,

"엘리자베트냐?"

하면서 뛰어나와 마주 붙들었다.

"어떻게 왔냐? 자, 비 맞겠다. 아이구 이 비 맞은 것 봐라. 들어가자, 자."

"인력거가 있어요."

하고 엘리자베트는 땅에 발이 닿지 않는 것 같은 걸음으로 허둥허둥 인력거꾼에게 짐을 들여오라 명하고, 오촌모와 함께 어둡고 낮고 시시한, 냄

새 나는 방 안에 들어왔다.

"전엔 암만 오래두 잘 안 오더니 어찌 갑자기 왔냐?"

오촌모는 눈에 다정한 웃음을 띠고 물었다.

엘리자베트는 진리 있는 거짓말을 한다.

"서울 있어야 이전 재미두 없구 그래서……."

"으!"

오촌모는 말의 끝을 높여서 엘리자베트의 대답을 비인*한다.

"네 상에 걱정 빛이 뵌다. 무슨 걱정스러운 일이라도 있냐?"

'바로 대답할까?'

엘리자베트가 생각하는 동시에 입은 거짓말을 했다.

"걱정은 무슨 걱정요."

"쯧!"

엘리자베트는 혀를 가만히 찼다. 왜 거짓말을 해……?

"그래두 젊었을 땐 남모르는 걱정이 많으니라."

'대답할까?'

엘리자베트는 갑자기 생각했다. 가슴이 뛰놀기 시작한다. 치만 기회는
또 지나갔다. 오촌모는 딴 말을 꺼낸다.

"그런데 너 점심 못 먹었겠구나? 채려다 주지, 네 촌밥 먹어 봐라. 어찌
맛있나."

오촌모는 나갔다.

"짐 들여왔습니다."

하는 인력거꾼의 소리가 나므로 엘리자베트는 나가서 짐을 찾고 들어와
앉아서 밖을 내다보았다.

뜰 움폭움폭 들어간 데마다 물이 고였고 물 고인 데마다 비로 인하여

---

* 비인(非認) 인정하지 않음.

방울이 맺혀서 떠다니다가는 없어지고, 또 새로 생겨서 떠다니다가는 없어지곤 한다. 초가집 지붕에서는 누렇고 붉은 처마물이 그치지 않고 줄줄 흘러내린다. 한참이나 눈이 멀거니 뜰을 바라보고 있을 때에 오촌모가 밥과 달걀, 반찬, 김치 등, 간단한 음식을 엘리자베트를 위하여 차려 왔다.

엘리자베트는 점심을 먹은 뒤에 또 뜰을 내다보기 시작하였다. 뜰 한편 구석에는 박 넌출이 하나 답답한 듯이 웅크러뜨리고 있었다. 잎 위에는 빗물이 고여 있다가 바람이 불 때마다 잎이 기울어지며 고였던 물이 땅에 쭈르륵 쏟아지는 것이 엘리자베트의 눈에 똑똑히 보였다.

그 잎들 아래는 허옇고 푸른 크담한 박 하나가 잎이 바람에 움직일 때마다 걸핏걸핏 보였다. 박 넌출 아래서 머구리*가 한 마리 우덕덕 뛰어나왔다. 본래부터 머구리를 무서워하던 엘리자베트는 머리를 빨리 돌렸다. 머구리에게 무서움을 가지는 동시에 엘리자베트의 머리에는 아까의 걱정이 떠올랐다. 그는 낯을 찡그리고 한숨을 후 내쉬었다.

이것을 본 오촌모는 물었다.

"왜 그러냐? 한숨을 다 지으면서……. 네게 아무래두 걱정이 있기는 하구나?"

엘리자베트는 마음이 뜨끔하였다. 그러면서도 이 기회 넘겼다가는……

"아주머니!"

그는 흥분하고 떨리는 소리로 오촌모를 찾았다.

"왜, 왜 그러냐? 이야기 다 해라."

"서울은 참 나쁜 뎁디다그려……."

엘리자베트는 울기 시작하였다.

"자, 왜?"

＊머구리 '개구리' 의 사투리.

"하……아!"

엘리자베트는 울음이 섞인 한숨을 쉬었다.

"아, 왜 그래?"

"아——어찌할까요?"

"무엇을 어찌해? 자, 왜 그러느냐?"

"난 죽고 싶어요."

엘리자베트는 쓰러졌다.

"딴 소리한다. 왜 그래? 자, 이야기해라."

오촌모는 어른다.

엘리자베트는 끊었다 끊었다 하면서 무한 간단하게 자기와 남작의 사이를 이야기한 뒤에, 재판하겠단 말로 말을 끝내었다.

"너 같은 것이 강가 집에……."

엘리자베트의 말을 들은 오촌모는 성난 소리로 책망하였다.

괴로운 침묵이 한참 연속하였다. 아주머니의 책망을 들을 때에 엘리자베트는 울음소리까지 그쳤다. 한참 뒤에, 오촌모는 엘리자베트가 불쌍하였던지, 이제 방금 온 것을 책망한 것이 미안하였던지 말을 돌린다.

"그래두 재판은 못 한다. 우리는 상것이고 저 편은 양반이 아니냐?"

아직 채 작정치 못하고 있던 엘리자베트의 마음이 이 말 한 마디로 온전히 작정하였다. 그는 아주머니의 말을 우쩍 반대하고 싶었다.

"재판에두 양반 상놈이 있나요?"

"그래두 지금은 주먹 천지란다."

엘리자베트는 눈살을 찌푸렸다. 양반 상놈 문제에 얼토당토 않은 주먹을 내놓는 아주머니의 무식이 그에게는 경멸스럽기도 하고 성도 났다. 그렇시만 그 말의 진리는 자기의 지낸 일로 미루어 보아도 그르달 수가 없었다. 그래도 재판은 꼭 하고 싶었다.

"그래두 해요!"

"그리 하고 싶으면 하기는 해라마는……."

"그럼 아주머니!"

"왜?"

"이 동리에 면소가 있나요?"

"응, 있다. 무엇 하려구?"

"거기 가서 재판에 대하여 좀 물어 보아 주시구려……."

"싫다야…… 그런 일은……."

"그래두…… 아주머니까지…… 그러시면……."

엘리자베트의 낮은 울상이 되었다. 이것이 불쌍하게 보였던지 오촌모는 면서기를 찾아갔다. 이튿날 엘리자베트는 남작을 걸어서 정조 유린에 대한 배상 및 위자료로서 5천 원, 서생아 승인, 신문상 사죄 광고 게재 청구 소송을 경성 지방 법원에 일으켰다.

8

늘 그치지 않고 줄줄 내리붓던 비는 종시 조선 전지*에 장마를 지웠다.

엘리자베트가 있는 마을 뒷뫼에서도 간직하여 두었던 모든 샘이 이번 비로 말미암아 터져서 개골가에 있는 집 몇은 집채같이 흘러내려오는 물로 인하여 혹은 떠내려가고 혹은 무너졌다.

매일 흰 물방울을 안개같이 내면서 왉왉 흘러내려가는 물을 보면서 엘리자베트는 몇 가지 일로 느끼고 있었다. 그 가운데는 반성도 없지 않았다. 이번 이와 같이 큰 재판을 일으킨 것이 엘리자베트의 뜻은 아니다. 법률을 아는 사람이 '그리하여야 좋다.'는 고로 엘리자베트는 으쓱하여서 그리할 뿐이다. 그에게는 서생아 승인으로 넉넉하였다.

---

* 전지(全地) 모든 곳.

"에이 썅!"

그는 만날 이 일이 생각날 때마다 혀를 차며 중얼거렸다. 서울서 떠난 것도 그의 느낌의 하나이다. 차라리 반성의 하나이다. 오촌모는 '에이구 내 딸 에이구 내 딸.' 하며 커다란 엘리자베트의 궁둥이를 두드리며 사랑하였고 엘리자베트는 여왕과 같이 가만히 앉아서 모든 일을 오촌모를 부려먹었지만, 그것만으로 그는 만족치를 못하였다. 그는 낮고 더럽고 답답하고 덥고 시시한 냄새 나는 촌집보다 높고 정한 서울 집이 낫고, 광목 바지 입고 상투 틀고 낮이 시꺼먼 원시적인 촌무지렁이들보다 맥고모자에 궐련 물고 가는 모시 두루마기 입은 서울 사람이 낫다. 굵은 광당포 치마보다 가는 모시 치마가 낫고, 다 처진 짚신보다 맵시 나는 구두가 낫다. 기름머리에 맵시 나게 차린 후에 파라솔을 받고 장안 큰 거리를 팔과 궁둥이를 저으면서 다니던 자기 모양을 흐린 하늘에 그려 볼 때에는 엘리자베트는 자기에게도 부끄럽도록 그 그림자가 예뻐 보였다.

장마는 걷혔다. 장마 뒤의 촌집은 참 분주하였다. 모를 옮긴다, 김을 맨다, 금년 추수는 이 때에 있다고 각 집이 모두 늙은이 젊은이 할 것 없이 나서서 활동을 한다. 각 곳에서 중양가의 처량한 곡조, 농부가의 웅장한 곡조가 일어나서 뫼로 반향하고 들로 퍼진다.

자농 밭 몇 뙈기와 뒤뜰에 텃밭을 가진 엘리자베트의 오촌모의 집도 꽤 분주하였다. 자농 밭은 삯을 주어서 김을 매고 텃밭만 오촌모 자기가 감자와 파 이종을 하기로 하였다.

뻔뻔 놀고 있기가 무미도 하고 갑갑도 한 고로 엘리자베트는 아주머니를 도와서 손에 익지 않은 일을 하고 있었다.

첫 번에는 일하기가 죽게 어려웠지마는 좀 연습된 뒤에는 땀으로 온몸이 젖고 몸이 곤하여진 뒤에 나무그늘 아래서 상추쌈에 고추장으로 밥을 먹고 얼음과 같은 찬 우물물을 마시는 것은 참 엘리자베트에게는 위에 없는 유쾌한 일이 되었다. 첫 번에는 심심끄기로 시작하였던 일을 마지막에는 쾌락으로 하게 되었다. 그러는 새에도 틈만 있으면 그는 집 뒤 뫼에 올라가서 서울을 바라보고 한숨을 짓고 있었다.

보얀 여름 안개로 둘러싸여서 아침 햇빛을 간접으로 받고 보얗게 반짝거리는 아침 서울, 너무 강하여 누렇게까지 보이는 여름 햇빛을 정면으로 받고 여기저기서 김을 무럭무럭 내는 낮 서울, 새빨간 저녁놀을 받고 모든 유리창은 그것을 몇십 리 밖까지 반사하여 헬 수 없는 땅 위의 해를 이루는 저녁 서울, 그 가운데 우뚝 일어서 있는 푸른 남산, 잿빛 삼각산, 먼지로 싸인 큰 거리, 울긋불긋한 경복궁, 동물원, 공원, 한강, 하나도 엘리자베트에게 정답게 생각 안 나는 것이 없고, 느낌 안주는 것이 없었다.

아 —— 내 서울아, 내 사랑아
나는 너를 바라본다
붉은 눈으로 더운 사랑으로……
아침 해와 저녁놀, 잿빛 안개
흩어진 더움 아래서 나는 너를
아 —— 나는 너를 바라본다
천 년을 살겠냐 만 년을 살겠냐
내 목숨 다하기까지 내 삶 끝나기까지
나는 너를 그리리라.

처량한 곡조로 엘리자베트는 부르곤 하였다. 엘리자베트는 한 자리를 정하고 뫼에 올라갈 때에는 언제든지 거기 앉아 있었다. 뒤에는 큰 소나무를 지고 그 솔 그늘 아래 꼭 한 사람이 앉아 있기 좋으리 만한 바위가 하나 있었다. 그것이 엘리자베트의 정한 자리다. 그 바위 두어 걸음 앞에서 여남은 길 되는 절벽이 있었다. 이 절벽을 내려다볼 때마다 그의 마음속에는 한 기쁨이 움직였다. 종시 재판 날이 왔다.

9

재판 전날, 엘리자베트는 오촌모와 함께 서울로 들어와서 재판소 곁 어떤 객줏집에 주인을 잡았다. 서울을 들어설 때에 엘리자베트는 한 달밖에는 떠나 있지 않았으되 그렇게 그리던 서울이므로 기쁨의 흥분으로 몸이 죽게 피곤하여져서 부들부들 떨면서 객줏집에 들었다.

'혜숙이나 만나지 않을까? 이환 씨나 만나지 않을까? S, 혹은 부인이나 혹은 남작이나 만나지 않을까?'

그는 반가움과 무서움과 바람으로 머리를 폭 숙이고 곁눈질을 하면서 아주머니와 함께 거리들을 지나갔다. 할 수 있는 대로는 좁은 길로…….

그는 하룻밤 새도록 모기와 빈대와 흥분, 걱정들로 말미암아 잠도 잘못 자고, 이튿날 낮이 뚱뚱 부어서 제 시간에 재판소에 들어왔다.

아주머니는 방청석으로 보내고 자기 혼자 원고석에 와 앉을 때에는 엘리자베트는 자기도 어찌 되는지를 모르도록 마음이 뒤숭숭하였다. 염통은 한 분 동안에 여든일곱 번이나 뛰놀고 숨도 한 분 사이에 스무 번 이상을 쉬게 되었다. 땀은 줄줄 기왓골에 빗물 흐르듯 흘러서 짠 물이 자꾸 눈과 입으로 들어온다. 서울 들어오느라고 새로 갈아 입은 엘리자베트의 빈사 저고리와 바지허리는 땀으로 소낙비 맞은 것보다 더 젖게 되었다.

삼 분쯤 뒤에 그는 마음을 좀 진정하여 장내를 둘러보았다.

방청석에는 아주머니 혼자 낯에 근심을 띠고 눈이 둥그레져서 있었고, 피고석에는 남작이 머리를 저편으로 돌리고 있었다.

남작을 볼 때에 그는 갑자기 죄송스러운 생각이 났다.

'오죽 민망할까? 이런 데 오는 것이 남작에게는 오죽 민망할까? 내가 잘못했지, 재판은 왜 일으켜? 남작은 날 어찌 생각할까? 또 부인은……?'

그는 이제라도 할 수만 있으면 재판을 그만두고 싶었다. 짐짓 자기가 남작에게 져 주고 싶기까지 하였다. 그는 머리를 좀더 돌이켰다. 거기는 남작의 대리인인 변호사가 엄연히 앉아 있었다. 만장을 무시하는 낯으로, 자기 혼자만이 재판을 좌우할 능력이 있다는 낯으로 변호사는 빈 재판석을 둘러보고 있었다. 변호사를 볼 때에 엘리자베트는 남 모르게,

"아!"

하는 절망의 소리를 내었다. 자기의 변론이 어찌 변호사에게 미칠까? 그의 머리에는 똑똑히 이 생각이 떠올랐다. 남작에 대한 미움이 마음 속에 솟아 나왔다. 자기를 끝까지 지우려고 변호사까지 세운 남작이 어찌 아니 꼽지를 않을까? 그는 외면한 남작을 흘겨보았다.

판사, 통변, 서기 들이 임석하고 재판은 시작되었다. 규정의 순서가 몇이 지나간 뒤에 원고의 변론할 차례가 이르렀다. 규정대로 사는 곳과 이름 들을 물은 뒤에 엘리자베트는 변론하여야 하게 되었다. 엘리자베트는 벌떡 일어서서 묻는 말에는 대답하였지만 변론은 나오지를 않았다. 재판소가 빙빙 도는 것 같고 낯에서는 불덩이가 나올 것 같았다. 그러다가,

'이래서는 안 되겠다. 용기를 내야지.'

생각할 때에 얼마의 용기는 회복되었다.

그는 끊었다 끊었다 하면서 자기의 청구를 질서 없이 설명하였다.

"더 할 말은 없나?"

엘리자베트의 말이 끝난 뒤에 주석 판사가 물었다.

"없어요."

엘리자베트는 말이 하기 싫은 고로 겨우 중얼거리고 앉았다.

'겨우 넘겼다.'

엘리자베트는 앉으면서 괴로운 숨을 내쉬면서 생각하였다.

피고의 변론할 차례가 되었다. 변호사는 일어서서 웅장한 큰 소리로 만장을 누르는 소리로, 장내가 웅웅 울리는 소리로 말하기 시작하였다.

원고의 말은 모두 허황하다. 그 증거가 어디 있는가? 있으면 보고 싶

다. 잉태하였다 하니 거짓말인지도 모르거니와, 설혹 잉태하였다 하여도 그것이 남작의 자식인 증거가 어디 있는가? 자기 자식이니까 떨어뜨리려고 병원에 데리고 갔다 원고는 말하지만, 주인이 자기 집에 가정 교사가 병원에 좀 데려다 달랄 때 데려다 줄 수가 없을까? 피고가 자기 일이 나타날까 두려워서 원고를 내쫓았다 원고는 말하지만, 다른 일로 내보냈는지 어찌 아는가? 원고는 당시에는 학교에도 안 가고 가정교사의 의무도 다하지 않고, 게다가 탈까지 났으니 누구가 이런 식객을 가만 두기를 좋아할까? 어떻든 원고에게는 정신 이상이 있는 것을 잊어서는 안 된다.

엘리자베트는 변호사가 '원고의 말은 허황하다.' 할 때에 마음이 뜨끔하였다. '남작의 자식인지 어찌 알까.' 할 때에 가슴에서 '툭' 하는 소리를 들었다. 병원 이야기가 나올 때에 머리가 어지러워지는 것을 깨달았다. 그 후에는 어찌 되는지 몰랐다. 청각은 가졌지만 듣지는 못하였다. 다만 둥둥 하는 사람의 말소리가 한 백 리 밖에서 나는 것같이 들렸을 뿐이고 아무것도 의식지를 못하였다. 유도에 목 끼운 때와 같이 온몸이 양상스러워지는 것이 구름을 타고 하늘을 떠다니는 것 같았다.

그가 바른 의식 상태로 들기 비롯한 때는 판사가 '더 할 말이 없느냐.'고 물을 때이다. 판사가 묻는 말을 똑똑히 알아듣지 못하고 또 말하기도 싫은 엘리자베트는 다만,

"네."

하고 대답할 수밖에는 없었다.

그런 뒤에는 그의 눈앞에는 검은 물건이 왔다갔다, 움직움직 하는 것만 보였다. 무엇인지는 똑똑히 알지 못하였다. 한참 있다가 판결은 났다. 원고의 주장은 하나도 증거가 없다. 그런 고로 원고의 청구는 기각한다.

이 말을 겨우 알아들은 엘리자베트는 가슴에서 두 번째 '툭' 하는 소리를 들었다. 그 뒤에는 정신이 아득하여지고 말았다.

몇 시간 동안을 혼미 상태로 지난 후에 겨우 정신이 좀 드는 때는 그는

이상한 방 안에 앉아 있었다. 껌껌한 그 방은 사면 침척* 두 자밖에는 안 되었다. 뿐만 아니라, 그 방은 들썩들썩 움직인다.

'흥 재미있구나!'

그는 생각하였다. 그렇지만 이와 같은 한가한 생각이 그의 머리에 오랫동안 머무르지를 못하였다. 높이 세 치, 길이 다섯 치쯤 되는 조그만 구멍으로 자기 아주머니가 보일 때에 엘리자베트는 펄떡 정신을 차렸다. 그때야 그는 자기 있는 곳은 보교* 안이고 벌써 아주머니의 집에 다 이르렀고 아까 판결받은 것이 생각났다. 보교는 놓았다.

엘리자베트는 우덕덕 보교에서 뛰어내리다가 고꾸라졌다. 발이 저린 것을 잊고 뛰어내리던 그는 엎드러질 수밖에는 없었다.

"에구머니!"

아주머니는 엘리자베트가 또다시 기절을 한 줄 알고 고함을 치며 뛰어왔다. 엘리자베트는 '죽어라.' 하고 발이 저린 것을 참고 일어서서 뛰어 방 안에 들어와 고꾸라졌다. 그는 울음도 안 나오고 웃음도 안 나왔다. 다만,

'야단났구만, 야단났구만.'

생각만 하였다. 그렇지만 어디가 야단나고 어떻게 야단났는지는 그는 몰랐다. 다만, 어떤 큰 야단난 일이 어느 곳에 있기는 하였다. 오촌모가 들어와 흔드는 것도 그는 모른 체하고 다만 씩씩거리며 엎디어 있었다.

'야단, 야단.'

그의 눈에는 여러 가지 환상이 보인다. 네모난 사람, 개, 우물거리는 모를 물건, 뫼보다도 크게도 보이고 주먹만 하게도 보이는 검은 어떤 물건, 아주머니, 연필. —— 이것이 모두 합하여 그에게는 야단으로 보였다. 오촌모가 펴 준 자리에 누워서도 그는 이런 그림자들만 보면서 씩씩거리며 있었다.

---

* **침척**(針尺) 바느질 자.
* **보교**(步轎) 사람이 메는 가마.

10

이튿날 아침.

엘리자베트는 눈을 번쩍 뜨고 방 안을 둘러보았다. 아주머니는 방 안에 없었다. 부엌에서 덜컹거리는 고로 거기 있나 보다 그는 생각하였다.

전에는 그리 주의하여 보지 않았던 그 방 안의 경치에서 병인의 날카로운 눈으로 그는 새로운 맛있는 것을 여러 가지 보았다.

제일 눈에 뜨이는 것은 벽담 사면에 붙인 당지들이다. 일본 포속 들에서 꺼내어 붙인 듯한 그 당지들을 엘리자베트는 흥미의 눈으로 하나씩 하나씩 건너보았다. 그 다음에 보인 것은 천장 서까래 틈에 친 거미줄들이다. 엘리자베트는 그 가운데 하나를 자세히 보았다. 그가 보고 있는 동안에 윙 하니 날아오던 파리가 한 마리 그 줄에 걸렸다. 거미줄은 잠깐 흔들리다가 멎고 어디 있댔는지 보이지 않던 거미가 한 마리 빨리 나와서 파리를 발로 옮긴다. 파리는 깃을 벌리고 도망하려 애를 쓰기 시작하였다. 거미줄은 대단히 떨렸다. 그렇지만 조금 뒤에 파리는 죽었는지 거미줄의 흔들림은 멎고 거미 혼자서 발발 파리를 두고 돌아다닌다. 엘리자베트는 바르륵 떨면서 머리를 돌이켰다.

'저 파리의 경우와……내 경우가, 어디가 다를까? 어디가……?'

엘리자베트가 움직일 때에 파리가 한 마리 윙 나타났다. 그 파리의 날기를 기다리고 있었던지 다른 파리들도 일제히 웅 —— 날았다가 도로 각각 제자리에 앉는다……. 엘리자베트는 눈을 감았다. 상쾌한 졸음이 짜르륵 엘리자베트의 온몸에 돌았다. 엘리자베트는 승천하는 것 같은 쾌미를 누리고 있었다. 이 때에 오촌모가 샛문을 벌컥 열며 들어왔다.

엘리자베트는 눈을 번쩍 떴다. 오촌모는 들어와서 물에 젖은 손을 수건에 씻은 뒤에 엘리자베트의 머리 곁에 와 앉았다.

"좀 나은 것 같으냐?"

"무엇 낫지 않아요."

"어디가 아파? 어제 밤새도록 헛소릴 하더니……."

"헛소리까지 했어요?"

엘리자베트는 낮에 적적한 웃음을 띠고 묻는 대답을 하였다.

"그런데 어디가 아픈지는 일정하게 아픈 데가 없어요. 손목 발목이 저릿저릿하는 것이, 온몸이 다 쏘아요. 꼭…… 첫몸할 때……."

"왜 그런고……원."

"왜 그런지요……."

잠깐의 침묵이 생겼다.

"앗!"

좀 후에 엘리자베트는 작은 소리로 날카로운 부르짖음을 내었다. 낮에는 무한 괴로움이 나타났다.

"왜 그러냐?"

오촌모는 놀라서 물었다.

"봤다는 안 되어요."

엘리자베트는 억지로 웃으면서 말했다.

"그럼 보지 않을 것이니 왜 그러냐?"

"묻지두 말구요!"

"묻지두 않을 것이니 왜 그래?"

"그건 안 묻는 건가요?"

"그럼 그만두자…… 그런데 미음 안 먹겠냐?"

"좀 이따 먹지요."

엘리자베트는 괴로운 낮을 하고 팔과 다리를 꼬면서 앓는 소리를 내고 있다가 참다 못하여 억지로 말했다.

"아주머니, 요강 좀 집어 주세요."

오촌모는 근심스러운 낮으로 물끄러미 엘리자베트를 들여다보다가 말

없이 요강을 집어 주었다.

엘리자베트는 요강을 타고 앉았다. 나올 듯 나올 듯하면서도 나오지 않는 오줌은 그에게 큰 아픔을 주었다. 한 십 분 동안이나 낯을 무한 찡그리고 있다가 내놓을 때는 그 요강은 피오줌으로 가득 찼다.

"피가 났구나!"

오촌모는 놀란 소리로 물었다.

"……네."

"떨어지려는 것이로구나."

"그런가 봐요."

말은 끊어졌다. 엘리자베트의 마음은 무한 설렁거렸다.……그 가운데는 두려움과 반가움이 섞여 있었다.

"깨를 어떻게 먹으면 올라 붙기는 한다더라만……."

잠깐 후에 아주머니가 말을 시작했다.

"그건 올라 붙어 무엇 해요."

엘리자베트는 낯을 찡그리고 대답하였다.

"그래도 낙태로 죽는 사람두 있너니라……."

엘리자베트는 대답을 하려다가 말이 하기 싫은 고로 그만두었다. 말은 또 끊어졌다. 엘리자베트는 '죽어도 좋아요' 라고 대답하려 하였다.

'죽으면 뭣 하는가.'

그는 병적으로 날카롭게 된 머리로 생각하여 보았다.

'내게 이제 무엇이 있을까? 행복이 있을까? 없다. 즐거움은? 그것도 없다. 반가움은? 물론 없지. 그럼 무엇이 있을까? 먹고 깨고 자는 것뿐 —— 그 뒤에는? 죽음! 그 밖에 무엇이 있을까? 아무것도 없다. 그것뿐으로도 살 가치가 있을까? 살 가치가 있을까? 아, 아! 어떨까? 없다! 그러면? 나 같은 것은 죽는 편이 나을까? 물론! 그럼 자살? 아!

자살? (그는 사지를 부들부들 떨었다.) 모르겠다. 살아지는 대로 살아 보

자. 죽는 것도 무섭지 않고 사는 것도 싫지도 않고 ——.'

이 때에 오촌모가 말을 시작했다.

"내가 가서 물어 보고 올라."

"그만두세요."

그는 우덕덕 놀라면서 무의식히 날카롭게 말하였다.

"그래두 내 잠깐 다녀오지."

아주머니는 일어서서 밖으로 나갔다. 아주머니가 나간 뒤에 그는 또 생각하여 보았다.

내 근 이십 년 생애는 어떠하였는가? 앞일은 그만두고 지난 일로…… 근 이십 년 동안이나 살면서, 남에게, 사회에게 이익한 일을 하나라도 하였는가? 벗들에게 교과를 가르친 일 — 이것뿐! 이것을 가히 사회에 이익한 일이라 부를 수가 있을까? (그는 입술을 부들부들 떨었다.) 응! 하나 있다. '표본!' (그는 괴로운 웃음을 씩— 웃었다.) 이 후 사람을 경계할 만한 내 사적! 곧 '표본!' 표본 생활 이십 년…… 아……! 그러니 이것도 내가 표본이 되려서 되었나? 되기 싫어서도 되었지. 헛데로 돌아간 이십 년, 쓸데없는 이십 년, '나' 를 모르고 산 이십 년, 남에게 깔리어 산 이십 년. 그 동안에 번 것은? 표본! 그 동안에 한 일은? 표본! 그는 피곤해진 고로 눈을 감았다. 더움과 추움이 그를 쏘았다.

그는 추워서 사지를 보들보들 떨면서도 이마와 모든 틈에는 땀을 줄줄 흘리고 있었다. 아래는 수만 근 되는 추를 단 것같이 대단히 무거웠다.

괴로움과 한참 싸우다가 오촌모의 돌아옴이 너무 더딘 고로 그는 그만 잠이 들었다. 자는 동안에 여러 가지 그림자가 그의 앞에서 움직였다. 네모난 사람이 어떤 모를 물건을 가지고 온다. 그 뒤에는 개가 따라온다. 방성 뒷산에서 뫼보다도 큰 어떤 검은 물건이 수없이 많이 흐늘흐늘 날아오다가, 엘리자베트의 있는 방 앞에 와서는 주먹만하게 되면서 그의 품 속으로 뛰어들어온다. 하나씩 하나씩 다 들어온 다음에는 도로 하나씩 하나씩 흐늘흐늘 날아 나가서 차차 커지며 뫼만하게 되어 도로 산 가운데서 쓰러져 없어진다. 다 나갔다는 도로 들어오고 다 들어왔다는 도로 나가고, 자꾸자꾸 순환되었다. 엘리자베트는 앓는 소리를 연발로 내며 이 그림자들을 보고 있었다. 이렇게 무서운 그림자를 한참 보고 있을 때에,

"애, 미음 먹어라."

하는 오촌모의 소리가 나는 고로 그는 눈을 번쩍 떴다.

그는 미음 그릇을 들고 들어오는 아주머니를 관찰하기 시작하였다.

"저런 큰 그릇을 원 어찌 들고 다니노? 키도 댓 자밖에는 못 되는 노파가······."

오촌모가 미음 그릇을 놓은 다음에 엘리자베트는 그것을 먹으려고 엎디었다.

아픔이 온몸에 쭉 돌았다······.

"숟갈이 커서 어찌 먹어요?"

그는 놋숟갈을 보고 오촌모에게 물었다. 그는 '숟갈이 커서 들지를 못하겠다.'는 뜻으로 한 말이다.

"어제두 먹던 것이 커?"

엘리자베트는 안심하고 숟갈을 들었다. 그것은 뜻밖에 크지도 않고 무겁지도 않았다. 그는 곁에 놓인 흰 가루를 미음에 치고 먹기 시작하였다.

"아이고 짜다."

그는 한 술 먹은 뒤에 소리를 내었다.

"짜기는 왜 짜? 사탕가루를 많이 치구······."

병으로 날카롭게 된 그의 신경은 그의 자유로 되었다. 마치 최면술에 피술자가 시술자의 명령을 절대로 복종하여, 단 것도 시술자가 쓰다 할 때에는 쓰다 생각하는 것과 같이 그의 신경도 절대로 그의 명령을 좇았다. 흰 가루를 소금이라 생각할 때에는 짜게 보였으나, 사탕가루라 생각할 때에는 꿀송이보다도 더 달았다. 그렇지만 그의 신경도 한 가지는 복

종치를 않았다. 아픔이 좀 나았으면 하는 데는 조금도 순종치를 않았다.

미음을 먹는 동안에 오촌모가 투덜거렸다.

"시무 집이나 되는 동리 가운데서 그것 아는 것이 하나두 없단 말인가 원……."

"무엇이오?"

엘리자베트는 미음을 삼키고 물었다.

"그 올라 붙는 약방문 말이루다. 원, 깨를 어쩐대든지……."

엘리자베트는 성이 나서 대답을 안 하였다.

미음을 다 마신 다음에 돌아누우려다가 그는,

"앍앍!"

소리를 내고 그 자리에서 고꾸라졌다. 어디가 아픈지 똑똑히 모를 아픔이 온몸을 쿡 쏘았다. 정신까지 어지러웠다.

"어째? 더하냐?"

"물이 쏟아져요."

엘리자베트는 똑똑한 말로 대답하였다.

"어째?"

"바람이 부는지요?"

"얘, 정신차려라."

엘리자베트는 후덕덕 정신을 차리면서,

"내가 원 정신이 없어졌는가?"

하고 간신히 천장을 향하고 누웠다. 천장에는 소가 두 마리 풀을 뜯어 먹고 있었다. 엘리자베트는 무서워서 부들부들 떨기 시작하였다.…… 두 마리의 소는 싸움을 시작했다. '떨어지면……?' 생각할 때에 한 마리는 그의 배 위에 떨어졌다. 일순간 뜨끔한 아픔 뒤에는 아무렇지도 않았다.

'앍' 소리를 내고 그는 다시 천장을 보았다. 소는 역시 두 마리지만 이번은 춤을 추고 있다.

"표본 생활 이십 년!"

그는 중얼거리고 담벽을 향하여 돌아누웠다. 거기서는 남작과 이환이와 돼지와 파리가 장거리 경주를 하고 있었다.

'흥! 재미있다. 누가 이길 터인고?'

그는 생각하였다. 조금 있다가 그는 생각난 듯이 수근거렸다.

"표본 생활 이십 년!"

11

그가 눈을 아무 데로 향하든지 어떤 그림자는 거기 벌려 있었다. 그가 자든지 깨든지, 어떤 그림자는 거기서 움직였다. 이렇게 엘리자베트는 사흘을 지냈다. 그러는 동안 다함이 없는 철학이 감추어져 있는 것 같고도 아무 뜻이 없는 헛말같이도 생각되는 말구가 흔히 무의식히 그의 머리에 떠올랐다.

'표본 생활 이십 년!'

그는 이 말을 여러 번 거푸 하였다. 이렇게 사흘째 되는 저녁, 복거리 낮보다도 훈훈하는 저녁, 등과 사지 맨 끝에서 시작하여 짜르륵 온몸에 도는 추위의 쾌미를 역증*으로 받으면서 잠과 깸의 가운데서 돌던 엘리자베트는 오촌모의 소리에 놀래어 흠칠하면서 깨었다.

"왜 그리 앓는 소리를 하냐?…… (혼잣말로) 탈인지 무엇인지 낫지두 않구."

"아 —— 유 —— 죽겠다아 —— 하아 ——."

엘리자베트는 눈을 감은 채로 아주머니의 소리나는 편으로 돌아누우면서 신음했다. 그렇지만 그에게는 아프리라 생각하는 데서 나온 아픔밖

---

* 역증(逆症) 역정. '성'의 높임말.

에는 아픔이 없었다.

"왜 그래? 참 앓는 너보다두 보는 내가 더 속상하다. 후!"

오촌모도 한숨을 쉰다.

"아이구 덥다!"

오촌모는 빨리 부채를 집어서 엘리자베트를 부치면서 말했다.

"내 부쳐 줄 것이니 일어나서 이 오미잣물 마세 봐라."

오미자라는 소리를 들은 그는 귀가 버썩하였다. 어렸을 때부터 오미자를 좋아하던 그는 이불 속에서 꿈질꿈질 먹을 준비를 시작하였다. 오늘은 그의 머리는 똑똑하여졌다. 그림자도 안 보였고 아픔도 덜어졌다.

오촌모는 자기도 한 숟갈 떠먹어 본 뒤에 권한다.

"아이구 달다. 자 먹어 봐라."

엘리자베트는 눈을 뜨고 엎디어서 오미잣물을 마셨다. 새큼하고 단 가운데도 말할 수 없는 아름다운 냄새를 가진 오미잣물은 병인인 엘리자베트에게 위에 없는 힘을 주었다. 그는 단숨에 한 사발이나 되는 물을 다 마셔 버렸고 도로 누웠다.

"맛있지?"

"네."

"그런데 어떠냐, 아프기는?"

엘리자베트는 다만 씩 웃었다. 다 큰 것이 드러누워서 다 늙은 아주머니를 속상케 함에 대한 미안과, 크담한 것이 '읽읽' 앓은 부끄러움이 합하여 낳은 웃음을 그는 다만 감추지 않고 정직하게 웃은 것이다.

"오늘은 정신 좀 들었냐? 며칠 동안 별한 소릴, 어더런 소릴 하던지……? 응!…… 응! 무얼 '표분 생울 이십 년'이라던지?"

"표본 생활 이십 년!"

엘리자베트는 생각난 듯이 무의식히 소리를 내었다.

"응! 그 소리 그 소리!"

오촌모도 생각난 듯이 지껄였다.

"아이 덥다!"

엘리자베트는 이불을 차 던지고 고함을 쳤다.

"응, 부쳐 주지."

어느덧 부채질을 멈추었던 오촌모는 다시 부치기 시작했다. 속에서 나오는 태우는 듯한 더움과 밖에서 찌르는 무르녹이는 듯한 더위와 서늘쩍한 부채 바람이 합하여 엘리자베트의 몸에 쪼르륵 소름이 돋게 하였다. 소름 돋을 때와 부채의 시원한 바람의 쾌미는 그에게 졸음이 오게 하였다. 그는 구름 타고 하늘에 올라가는 맛으로 잠과 깸의 가운데서 떠돌고 있었다. 몇 시간 지났는지 몰랐다. 무르녹이기만 하던 날은 소낙비로 부어내린다. 그리 덥던 날도 비가 오면서는 서늘하여졌다. 방 안은 습기로 찼다. 구팡에 내려져서 튀어나는 물방울들은 안개비와 같이 되면서 방 안으로 몰려 들어온다. 그는 눈을 번쩍 떴다. 어느덧 역한 냄새 나는 모기장

이 그를 덮었고 그의 곁에는 오촌모가 번뜻 누워서 답답한 코를 구르고 있었다. 위에는 불티를 잔뜩 앉히고 그 아래서 숨찬 듯이 할락할락 하는 석유 램프는 모기장 밖에서 반딧불같이 반짝거리며 할딱거리고 있었다.

'가는 목숨으로라도 살아지는껏 살아라.'

그 램프는 소근거리는 것 같다.

엘리자베트는 일어나서 요강을 모기장 밖에서 들여왔다.

한참 타고 앉았다가 '악!' 소리를 내고 그는 엎어졌다. 가슴은 뛰놀고 숨도 씩씩하여졌다. 마음은 무한 설렁거렸다. 맥도 푹 났다. 한참 엎디어 있다가 그는 생각난 듯이 벌떡 일어나서 요강을 내놓고 번갯불과 같이 빨리 그 속에 손을 넣어서 주먹만한 핏덩이를 하나 꺼내었다.

'내 것!'

그의 머리에 번갯불과 같이 이 생각이 지나갔다.

그의 머리에는 모순된 두 가지 생각이 일어났다.

'내 것!'

참 자식에 대한 사랑이 그 핏덩이에게 일어났다.

'이것 때문에……'

그는 그 핏덩이에 대하여 무한한 미움이 일어났다.

'이것도 저 아니꼬운 남작의 것, 나는 이것 때문에……'

이 두 가지 생각의 반사 작용으로 그는 핏덩이를 힘껏 단단히 쥐었다. 거기는 미움이 있고 사랑이 있었다. 그는 그 핏덩이를 씹어 먹고 싶었다. 거기도 미움이 있고 사랑이 있었다. 그는 그것을 쥔 채로 드러누웠다. 맥이 나서 앉아 있을 힘이 없었다. 드러누운 그에게는 얼토당토않은 딴 생각이 두어 가지 머리에 났다. 이것도 잠깐으로 끝나고 잠이 들었다.

이삼 분의 잠이 그를 스치고 지나간 뒤에 그는 눈을 번쩍 뜨면서 무의식히 중얼거렸다.

"표본 생활 이십 년!"

그 다음 순간, 그에게는 별한 생각이 머리에 떠올랐다.

'약한 자의 슬픔!'

'천하에 둘도 없는 명언이루다.'

그는 생각하였다. 그는 이 문제를 두고 논문 비슷이, 소설 비슷이 하나 지어 보고 싶은 생각이 났다. 그는 생각하여 보았다.

자기의 설움은 약한 자의 슬픔에 다름없었다. 약한 자기는 누리에게 지고 사회에게 지고 '삶'에게 져서, 열패자의 지위에 이르지 않았느냐? 약한 자기는 이환에게 사랑을 고백지 못하고, S와 혜숙에게서 참말을 듣지 못하고, 남작에게 더 저항치를 못하고, 재판석에서 좀더 굳세게 변론치를 못하여, 지금 이 지경에 이르지 않았느냐?

'그렇지만 이것은 밖이 약한 것이다. 좀더 깊이, 안으로!'

그는 생각하였다. 자기가 아직까지 한 일 가운데서 하나라도 자기에게서 나온 것이 어디 있느냐? 반동 안 입고 한 일이 어디 있느냐? 남작 집에서 나온 것도 필경은 부인이 좀더 있으라는 반동에서 나온 것이 아니냐? 병원 안에 들어간 것도 필경은 집으로 돌아올 전차가 안 보임에 있지 않으냐? 병원으로 향한 것도 그렇다. 재판을 시작한 것은? 오촌모가 말리는 반동을 받았다! 모든 일이 다 그렇다!

"이십세기 사람이 다 그렇다!"

그는 힘있게 중얼거렸다.

'어떻든…… 응! 그렇다! 문제는 '이십세기 사람'이라고 치고, 첫 줄을 '약한 자의 슬픔'으로 시작하여 마지막 줄을 '현대 사람 다의 약함'으로 끝내자.'

그는 자기 짓던 글을 생각하고 중얼거렸다.

'표본 생활 이십 년이란 구는 꼭 넣어야겠다.'

그는 생각하였다. 그리고 글을 속으로 생각하기 시작하였다.

이리 짓고 저리 지어서, 이만하면 완전하다 생각할 때 그는 마지막 구를 소리를 내어서 읽었다.

'현대 사람 다의 약함!'

그런 다음에는 그의 머리에 한 공허가 생겼다. 그 공허가 가슴으로 퍼질 때에 그는 맥이 나고 발끝과 손끝에서 그 공허가 일어날 때에 그는 눈을 감았다. 눈이 무한 무거워졌다. 공허가 온몸에 퍼질 때에 그는 '후——' 숨을 내쉬면서 잠이 들었다.

12

"저런 원 저런!"

이튿날 아침 엘리자베트에게 어젯밤 변동을 듣고 눈이 둥그레져서 그 핏덩이를 들여다보며 오촌모는 지껄였다. 엘리자베트는 탁 그 핏덩이를 빼앗아서 이불 아래 감춘 뒤에 낯을 붉히며 이유 없이 씩 웃었다.

"어떻든 네 속은 시원하겠다. 밤낮 떨어지면 떨어지면 하더니—."

오촌모는 비웃는 듯이 입살을 주었다.

아깟번에 웃은 엘리자베트는 이번에도 웃지 않으면 안되게 되었다. 그는 억지로 입과 눈으로만 일순간의 웃음을 웃은 뒤에 곧 낯을 도로 쪽 폈다. 그리고 미안스러운 듯이 오촌모의 낯을 들여다보았다. 오촌모의 낯에는 가련하다는 표정이 똑똑히 보였다.

'역시 가련한 것이루구나!'

그는 속으로 고함을 쳤다.

'그것도 내 것이 아니냐?'

어머니가 자식에게 가지는 육친의 정다움이 엘리자베트의 마음에 일어났다. 그는 몰래 손을 더듬어서 섭석섭적하고 흐늘거리는 그 핏덩이를 만져 보았다.

'어디가 응덩이구 어디가 머리편인고?'

그는 손가락으로 핏덩이를 두드리고 쓸어 주고 있었다. 차디찬 핏덩이에서도 엘리자베트는 다스한 맛이 올라오는 것을 깨달았다.

'사람이란 이런 것이루다!'

그는 생각하였다. 물끄러미 한참 그를 들여다보던 오촌모는 도로 전과 같은 사랑의 낯이 되며 생각난 듯이 말했다.

"잊었댔다. 오늘은 장날이 되어서 서울 잠깐 들어갔다 와야겠다. 무엇 먹고 싶은 것은 없냐? 있으면 말해라. 사다 줄 거니……."

"없어요."

엘리자베트는 팔딱 정신을 차리며 무의식히 중얼거렸다. '서울' 소리를 듣고 그는 갑자기 가슴이 뛰놀기 시작하였다.

'저런 노파가 다 서울을 다니는데 내가 어찌…….'

그는 오촌모를 쳐다보면서 생각하였다. 그러다가 갑자기 오촌모를 찾았다.

"아주머니!"

"왜?"

"서울 들어가세요?"

그의 목소리는 흥분으로 떨렸다.

"응."

엘리자베트는 비쭉하여졌다. 오촌모의 '응.' 이란 대답뿐은 그를 만족시키지 못하였다. '응, 들어가겠다.' 든지 '응, 다녀올란다.' 든지 좀더 친절히 똑똑히 대답 안 한 오촌모가 그에게는 밉게까지 보였다.

그렇지만 그의 정조는 그의 비쭉한 것을 뚫고 위에 올라오기에 넉넉하였다. 그는 좀더 힘있게 떨리는 소리로 오촌모를 찾았다.

"아주머니!"

"왜?"

오촌모는 또 그렇게 대답하였다.

"나두 함께 가요!"

"어딜?"

"서울!"

"딴소리 한다. 넌 편안히 누워 있어야다."

오촌모의 낯에는 무한한 동정이 나타났다.

"그래…… 가구 싶어요."

그의 눈에는 눈물이 고였다.

"내 다 구경해다 줄 거니 잘 누워 있거라. 너 다 나은 다음에 한 번 들어가 실컷 돌아다니자. 그래두 지금은 못 간다."

"길 다 말랐어요?"

그는 뚱단지 소리를 물었다.

"응, 소낙비니깐 땅 위로만 흘렀지, 속은 안 뱄더라."

"뒤뜰 호박두 익었지요? 인제 며칠 동안 나가 보지두 못해서……."

그의 목소리는 자못 떨렸다.

"아까 가 보니깐 아직 잘 안 익었더라."

잠깐 말은 끊어졌다. 조금 뒤에 엘리자베트는 떨리는 소리로 말했다.

"아……서울 가 보구……."

"걱정마라. 이제 곧 가게 되지."

"아주머니!"

"왜 그러냐?"

"그 애들이 아직 날 기억할까요?"

"그 애덜이라니?"

"함께 공부하던 애들이오."

"하하! (한숨을 쉬고) 걱정 마라. 거저 걱정 마라. 내가 있지 않냐? 인젠 그깟 것들이 무엇에 쓸 데가 있어? 나하구 이렇게 편안히 촌에서 사는 것이 오죽 좋으냐! 아무 걱정 없이…… 지난 일은 다 꿈이다, 꿈이야!

잊구 말어라."

'강한 자!'

엘리자베트는 속으로 고함을 쳤다.

'아주머니는 강한 자이고 나는 약한 자이고…… 그 사이에 무슨 차별이 있을꼬?'

"내 다녀올 것이니 편안히 누워 있거라."

오촌모는 말하면서 봇짐을 들고 나간다.

"무엇을 사다 줄꼬 원. 복숭아나 났으면 사다 줄까. 우리 딸을……."

엘리자베트는 자기 생각만 연속하여 하였다. 스스로 알지는 못하였으나, 어떤 회전기 위기 앞에 선 그는 산후의 날카로운 머리를 써서 꽤 똑똑한 해결을 얻을 수가 있었다.

'그렇다! 나도 시방은 강한 자이다. 자기의 약한 것을 자각할 그 때에는 나도 한 강한 자이다. 강한 자가 아니고야 어찌 자기의 약점을 볼 수가 있으리요. 어찌 알 수가 있으리요. (그의 입에는 이김의 웃음이 떠올랐다.) 강한 자라야만 자기의 약한 곳을 찾을 수가 있다.'

약한 자의 슬픔! (그는 생각난 듯이 중얼거렸다.) 전의 나의 설움은 내가 약한 자인 고로 생긴 것밖에는 더 없었다. 나뿐 아니라, 이 누리의 설움, 아니, 설움뿐 아니라 모든 불만족, 불평 들이 모두 어디서 나왔는가? 약한 데서! 세상이 나쁜 것도 아니다! 인류가 나쁜 것도 아니다! 우리가 다만 약한 연고인밖에 또 무엇이 있으리요. 지금 세상을 죄악 세상이라 하는 것은 이 세상이, 아니! 우리 사람이 약한 연고이다! 거기는 죄악도 없고 속임도 없다. 다만 약한 것!

약함이 이 세상에 있을 동안 인류에게는 싸움이 안 그치고 죄악이 안 없어진다. 모든 죄악을 없이 하려면 먼저 약함을 없이 하여야 하고, 지상 낙원을 세우려면 약함을 없이 하여야 한다.

만일 약한 자는, 마지막에는 어찌 되노?…… 이 나! 여기 표본이 있다.

표본 생활 이십 년 (그는 생각난 듯이 웃으면서 중얼거렸다.) 나는 참 약했다. 일 하나라도 내가 하고 싶어서 한 것이 어디 있는가! 세상 사람이 이렇다 하니 나도 이렇다, 이 일을 하면 남들은 나를 어찌 볼까, 이런 걱정으로 두룩거리면서 지냈으니 어찌 이 지경에 이르지 않았으리요! 하고 싶은 일은 자유로 해라. 힘써서 끝까지! 거기서 우리는 사랑을 발견하고 진리를 발견하리라!

'그렇지만 강한 자가 되려면은……!'

그는 생각하여 보았다.

'내가 너희에게 새 계명을 주노니 사랑하라.' (그는 기쁨으로 눈에 빛을 내었다.) 그렇다! 강함을 배는 태는 사랑! 강함을 낳는 자는 사랑! 사랑은 강함을 낳고, 강함은 모든 아름다움을 낳는다. 여기, 강하여지고 싶은 자는, 아름다움을 보고 싶은 자는, 삶의 진리를 알고 싶은 자는, 인생을 맛보고 싶은 자는 다 참사랑을 알아야 한다.

만약 참 강한 자가 되려면은? 사랑 안에서 살아야 한다. 우주에 널려 있는 사랑, 자연에 퍼져 있는 사랑, 천진난만한 어린아이의 사랑!

"그렇다! 내 앞길의 기초는 이 사랑!"

그는 이불을 차고 벌떡 일어나 앉았다. 그의 앞에는 끝없는 넓은 세계가 벌여 있었다. 누리에 눌리어 살던 그는 지금은 그 위에 올라섰다. 그의 입에는 온 우주를 쳐누른 기쁨의 웃음이 떠올랐다.

광염 소나타

독자는 이제 내가 쓰려는 이야기를, 유럽의 어떤 곳에 생긴 일이라고 생각하여도 좋다. 혹은 사오십 년 뒤에 조선을 무대로 생겨날 이야기라고 생각하여도 좋다. 다만, 이 지구상의 어떤 곳에 이러한 일이 있었는지도 모르겠다, 있는지도 모르겠다, 혹은 있을지도 모르겠다, 가능성뿐은 있다 —— 이만큼 알아 두면 그만이다.

그런지라, 내가 여기 쓰려는 이야기의 주인공 되는 백성수를, 혹은 알베르트라 생각하여도 좋을 것이요, 짐이라 생각하여도 좋을 것이요, 또는 호모나 기무라모로 생각하여도 괜찮다. 다만 사람이라 하는 동물을 주인공 삼아 가지고, 사람의 세상에서 생겨난 일인 줄만 알면…….

이러한 전제로써, 자 그러면 내 이야기를 시작하자.

"기회(찬스)라 하는 것이 사람을 망하게도 하고 흥하게도 하는 것을 아시오?"
"네, 새삼스러이 연구할 문제도 아닐걸요."

"자, 여기 어떤 상점이 있다 합시다. 그런데 마침 주인도 없고 사환도 없고 온통 비었을 적에 우연히 그 앞을 지나가던 신사가 —— 그 신사는 재산도 있고 명망도 있는 점잖은 사람인데 —— 그 신사가 빈 상점을 들여다보고 혹은 이렇게 생각할 수도 있지 않아요? 텅 비었으니깐 도적놈이라도 넉넉히 들어갈 게다, 들어가서 훔치면 아무도 모를 테다, 집을 왜 이렇게 비워 둔담⋯⋯. 이런 생각 끝에 혹은 그 그 뭐랄까, 그 돌발적 변태 심리로써 조그만 물건 하나(변변치도 않고 욕심도 안 나는)를 집어서 주머니에 넣는 경우가 있을지도 모르지 않겠습니까?"

"글쎄요."

"있습니다. 있어요."

어떤 여름날 저녁이었다. 도회를 떠난 교외 어떤 강변에 두 노인이 앉아서 이런 이야기를 하고 있었다. 그 기회론을 주장하는 사람은 유명한 음악 평론가 K씨였다. 듣는 사람은 사회 교화자의 모씨였다.

"글쎄, 있을까요?"

"있어요. 좌우간 있다 가정하고, 그러한 경우에 그 책임은 어디 있습니까?"

"동양 속담말에, 외밭서는 신 끈도 다시 매지 말랬으니, 그 신사가 책임을 질까요?"

"그래 버리면 그뿐이지만, 그 신사는 점잖은 사람으로서 그런 절대적 기묘한 찬스만 아니더라면 그런 마음은커녕 염도 내지도 않을 사람이라 생각하면 어찌 됩니까?"

"⋯⋯."

"말하자면 죄는 '기회'에 있는데, '기회'라는 무형물은 벌을 할 수가 없으니깐 그 신사를 가해자로 인정할 수밖에는 지금은 없지요."

"그렇습니다."

"또 한 가지 —— 사람의 천재라 하는 것도 경우에 따라서는 어떤 '기회'가 없으면 영구*히 안 나타나고 마는 일이 있는데, 그 '기회'란 것이 어떤 사람에게서 그 사람의 '천재'와 '범죄 본능'을 한꺼번에 끌어내었다면 우리는 그 '기회'를 저주하여야겠습니까, 축복하여야겠습니까?"

"글쎄요."

"선생은 백성수라는 사람을 아시오?"

"백성수? 잘, 기억이 없는데요."

"작곡가로서 그—."

"네, 생각납니다. 유명한 '광염 소나타'의 작가 말씀이지요?"

"네, 그 사람이 지금 어디 있는지 아십니까?"

"모릅니다. 뭐 발광했단 말이 있었는데 ——."

"네, 지금 ×× 정신 병원에 감금돼 있는데, 그 사람의 일대기를 이야기할게 들으시고 사회 교화자*로서의 의견을 말씀해 주십시오."

내가 이제 이야기하려는 백성수의 아버지도 또한, 천분 많은 음악가였습니다. 나와는 동창생이었는데 학생 시절부터 그의 천분은 넉넉히 볼 수가 있었습니다. 그는 작곡과를 전공하였는데, 때때로 스스로 작곡을 하여서는 밤중에 혼자서 피아노를 두드리고 하여서 우리들로 하여금 뜻하지 않고 일어나게 하였습니다. 그리고 우리는 그 밤중에 울려 오는 야성적 선율에 몸을 소스라치고 하였습니다. 그는 야인이었습니다. 광포스런 야성은 때때로 비위에 틀리면 선생을 두들기기가 예사이며, 우리 학교 근처의 술집이며 모든 상점 주인들은, 그에게 매께나 안 얻어맞은 사람이 없었습니다. 그러한 야성은 그의 음악 속에 풍부히 잠겨 있어서, 오히려 그 야성적 힘이 그의 예술을 빛나게 하는 것이었습니다.

---

* 영구(永久) 길고 오램. 오래 계속되어 끊임없음.
* 교화자(教化者) 〔주로 교양, 도덕 따위를〕 가르치는 사람.

그러나 그가 학교를 졸업하고 난 뒤에는 그 야성은 다른 곳으로 발전되고 말았습니다. 술! 술! 무서운 술이었습니다. 아침부터 저녁까지, 저녁부터 아침까지, 술잔이 그의 입에서 떠나지를 않았습니다. 그리고 술을 먹고는 여편네들에게 행패를 하고, 경찰서에 구류를 당하고, 나와서는 또 같은 일을 하고……. 작품? 작품이 다 무엇이외까? 술을 먹은 뒤에 취흥에 겨워 때때로 피아노에 앉아서 즉흥으로 탄주를 하곤 하였는데, 지금 생각하면 그 귀기가 사람을 엄습하는 힘과 야성(베토벤 이래로 근대 음악가에서 발견할 수 없던), 그런 보물이라 하여도 좋을 것이 많았지만, 우리들은 각각 제 길 닦기에 바쁜 사람이라 주정꾼의 즉흥악을 일일이 베껴 둔다든가 그런 일은 꿈에도 생각하지 않았습니다.

우리들은 그의 장래를 생각하여 때때로 술을 삼가기를 권고하였지만, 그런 야인에게 친구의 권고가 무슨 소용이 있겠습니까.

"술? 술은 음악이다!"

하고는 하하하하 웃어 버리고 다시 술집으로 달아나고 합니다.

그러한 지 칠팔 년이 지난 뒤에 그는 아주 폐인이 되고 말았습니다. 술이 안 들어가면 그의 손은 떨렸습니다. 눈에는 눈곱이 꼈습니다. 그리고 술이 들어가면, 술이 들어가면 그는 그 광포성을 발휘하였습니다. 누구를 막론하고 붙잡고는 입에 술을 부어넣어 주었습니다. 그러다가는 장소를 불문하고 아무 데나 누워서 잡니다. 사실 아까운 천재였습니다. 우리들 새에는 때때로 그의 천분을 생각하고 아깝게 여기는 한숨이 있었지만 세상에서는 그 '장래가 무서운 천재'가 있었다는 것을 몰랐었습니다.

그러는 동안에 그는 어떤 양가의 처녀와 어떻게 관계를 맺어서 애까지 뺐습니다. 그러나 그 애의 출생을 보지 못하고 아깝게도 심장 마비로 죽어 버리고 말았습니다. 그 유복자*로 세상에 나온 것이 백성수였습니다.

---

* 유복자(遺腹子) 어머니의 뱃속에 있을 때 아버지를 여의고 태어난 자식.

그러나 우리는 백성수가 세상에 출생되었다는 풍문만 들었지, 그 애 아버지가 죽은 뒤부터는 그 애의 소식이며 그 애 어머니의 소식은 일절 몰랐습니다. 아니, 몰랐다는 것보다 그 집안의 일은 우리의 머리에서 완전히 잊어버리고 말았습니다.

　삼십 년이란 세월이 흘렀습니다.
　십 년이면 강산도 변한다 하는데 삼십 년 사이의 변천을 어찌 이루 다 말하겠습니까. 좌우간 그 동안에 나는 내 길을 닦아 놓았습니다. 아시다 시피 지금 K라 하면 이 나라에서 첫 손가락을 꼽는 음악 평론가가 아닙니까. 견실한 지도적 비평가 K라면 이 나라의 음악계의 권위이며, 이 나의 한 마디는 음악가의 가치를 결정하는 판결문이라 해도 옳을 만치 되었습니다. 많은 음악가가 내 손 아래서 자랐으며, 많은 음악가가 내 지도로써 이름을 날렸습니다.

　재작년 이른 봄 어떤 날이었습니다.
　그 때 나는 조용한 밤중의 몇 시간씩을 ○○예배당에 가서 명상으로 시간을 보내는 것이 습관이 되어 있었습니다. 언덕 위에 홀로 서 있는 집으로서 조용한 밤중에 혼자 앉아 있노라면 때때로 들보에서, 놀라 깬 비둘기의 날개 소리와 간간이 기둥에서 뚝뚝 하는 소리밖에는 아무 소리도 들리지 않는, 말하자면 나 같은 괴상한 성미를 가진 사람이 아니면 돈을 주면서 들어가래도 들어가지 않을 음침한 집이었습니다. 그러나 나 같은 명상을 즐기는 사람에게는 다른 데서 구하기 힘들도록 온갖 것을 가진 집이었습니다. 외따로고 조용하고 음침하며, 간간이 알지 못할 신비한 소리까지 들리며, 멀리서는 때때로 놀란 듯한 기적 소리도 들리는…… 이것뿐으로도 상당한데, 게다가 이 예배당에는 피아노도 한 대 있었습니다. 예배당에는 오르간은 있을지나 피아노가 있는 곳은 쉽지 않은 것으로서 무슨 흥이나 날 때에는 피아노에 가서 한 곡조 두드리는 재미도 또한 괜찮았습니다.

그 날 밤도(아마 두 시는 지났을 걸요.) 그 예배당에서 혼자서 눈을 감고 조용한 맛을 즐기고 있노라는데, 갑자기 저편 아래에서 재재 하는 소리가 납니다. 그래서 눈을 번쩍 뜨니까 화광이 충천하였는데, 내다보니까 언덕 아래 어떤 집이 불이 붙으며 사람들이 왔다갔다 야단이었습니다.

이렇게 말하면 어떨지 모르지만, 그다지 멀지 않은 곳에서 불붙는 것을 바라보는 맛도 괜찮은 것이었습니다. 일어서는 불길이며, 퍼져 나가는 연기, 불씨의 날아다니는 양, 그 가운데 거뭇거뭇 보이는 기둥, 집의 송장, 재재거리는 사람의 무리, 이런 것은 어떻게 생각하면 과연 시도 될지며 음악도 될 것이었습니다. 옛날에 네로가 불붙는 것을 바라보면서 자기는 비파를 들고 노래를 하였다는 것도 음악가의 견지로 보면 그다지 나무랄 것이 아니었습니다.

나도 그 때에 그 불을 보고 차차 흥이 났습니다.

……네로를 본받아서 나도 즉흥으로 한 곡조 두드려 볼까. 어렴풋이 이런 생각을 하며, 나는 그 불을 정신 없이 바라보고 있었습니다.

그 때였습니다. 갑자기 덜컥덜컥하는 소리가 들리더니 예배당 문이 열리며, 웬 젊은 사람이 하나 낭패한 듯이 뛰어들어왔습니다. 그리고 무엇에 놀란 사람같이 두리번두리번 사면을 살피더니, 그래도 내가 있는 것은 못 보았는지, 저편에 있는 창 안에 가서 숨어 서서 아래서 붙는 불을 내다봅니다.

나는 꼼짝을 못 하였습니다. 좌우간 심상스런 사람은 아니요, 방화범이나 도적으로밖에는 인정할 수 없지 않겠습니까? 그래서 꼼짝을 못 하고 서 있노라니까 그 사람은 한참 정신 없이 서 있다가 한숨을 쉽니다. 그리고 맥없이 두 팔을 늘이고 도로 나가려고 발을 떼려다가 자기 곁에 피아노가 놓인 것을 보더니, 교의를 끌어다 놓고 앞에 주저앉고 말겠지요.

나도 거기에는 그만 직업적 흥미에 끌렸습니다. 그래서 무엇을 하나 보자 하고 있노라니까, 뚜껑을 열더니 한 번 뚱 하고 시험을 해 보아요. 그리고 조금 있더니 다시 뚱뚱 하고 시험을 해 보겠지요.

이 때부터 그의 숨소리가 차차 높아 가기 시작했습니다. 씩씩거리며 몹시 흥분된 사람같이 몸을 떨다가 벼락같이 양손을 키 위에 갖다가 덮었습니다. 그 다음 순간 C샤프 단음계의 알레그로*가 시작되었습니다.

처음에는 다만 흥미로써 그의 모양을 엿보고 있던 나는 그 알레그로가 울려 나오는 순간 마음은 끝까지 긴장되고 몹시 흥분되었습니다.

그것은 순전한 야성적 음향이었습니다. 음악이라 하기에는 너무 힘있고 무기교였습니다. 그러나 음악이 아니라기엔 거기는 너무 괴롭고도 무겁고 힘있는 '감정' 이 들어 있었습니다. 그것은 마치 야반의 종소리와도 같이 사람의 마음을 무겁고 음침하게 하는 음향인 동시에 맹수의 부르짖음과 같이 사람으로 하여금 소름 돋치게 하는 무서운 감정의 발현이었습니다.

아아, 그 야성적 힘과 남성적 부르짖음, 그 아래 감추어 있는 침통한 주림과 아픔, 순박하고도 아무 기교가 없는 표현! 나는 털썩 그 자리에 주저앉고 말았습니다. 그리고 음악의 본능으로써 뜻하지 않고, 주머니에서 오선지와 연필을 꺼내었습니다. 피아노의 울려 나아가는 소리에 따라서 나의 연필은 오선지 위에서 뛰놀았습니다. 등불도 없는지라 손짐작으로.

좀 급속도로 시작된 빈곤, 거기 연하여 주림, 꺼져 가는 불꽃과 같은 목숨, 그러한 것을 지나서 한참 연속되는 완서조*의 압축된 감정, 갑자기 튀어져 나오는 광포. 거기 연한 쾌미*, 홍소* —— 이리하여 주화조로서 탄주는 끝이 났습니다. 더구나 그 속에 나타나 있는 압축된 감정이며 주

---

* 알레그로(allegro) 음악에서 '빠르고 경쾌하게' 의 뜻.
* 완서조(緩徐調) 느릿느릿하고 완만한 박자를 가진 곡조.
* 쾌미(快味) 기분좋은 느낌. 상큼한 맛.
* 홍소(哄笑) 입을 크게 벌리고 떠들썩하게 웃음.

림, 또는 맹렬한 불길 등이 사람의 마음에 주는 그 처참함이며 광포성은 나로 하여금 아직 '문명'이라 하는 것의 은택에 목욕하여 보지 못한 야인을 연상케 하였습니다.

탄주가 다 끝이 난 뒤에도 나는 정신을 못 차리고 망연히 앉아 있었습니다. 물론, 조금이라도 음악의 소양이 있는 사람일 것 같으면, 이제 그 소나타를 음악에 대하여 정통으로 아무러한 수양도 받지 못한 사람이, 다만 자기의 천재적 즉흥뿐으로 탄주한 것임을 알 것입니다. 해결이 없이 감칠도 화현이며 증육도 화현을 범벅으로 섞어 놓았으며, 금칙인 병행 오팔도까지 집어 넣은 것으로서, 더구나 스케르초*는 온전히 뽑아먹은, 대담하다면 대담하고 무식하다면 무식하달 수도 있는 분방자유한 소나타*였습니다.

이 때에 문득 내 머리에 떠오른 것은, 삼십 년 전에 심장마비로 죽은 백○○였습니다. 그의 음악으로서 만약 정통한 훈련만 뽑고 거기다가 야성을 더 집어 넣으면 지금 내 눈앞에 있는 그 음악가의 것과 같은 것이 될 것이었습니다. 귀기가 사람을 엄습하는 듯한 그 힘과 방분스런 표현과 야성 —— 이것은 근대 음악가에서 구하기 힘든 보물이었습니다.

그 소나타에 취하여 한참 정신이 어리둥절해 앉았던 나는 고즈넉이 일어서서, 그 피아노 앞에 서서 그의 어깨에 가만히 손을 얹었습니다. 한 곡조를 타고 나서 아주 곤한 듯이 정신이 없이 앉아 있던 그는 펄떡 놀라며 일어서서 내 얼굴을 보았습니다.

"자네 몇 살 났나?"

나는 그에게 이렇게 첫말을 물었습니다. 가슴이 답답한 나로서는 이런 말밖에는 갑자기 다른 말이 생각 안 났습니다. 그는 높은 창에서 들어오는 달빛을 받고 있는 내 얼굴을 한순간 쳐다보고, 머리를 돌이키고 말았

---

* 스케르초(scherzo) 해학적이며 빠르고 경쾌한 기악곡.
* 소나타(sonata) 기악을 위한 독주곡 또는 실내악.

습니다.

"배고프냐?"

나는 두 번째 그에게 물었습니다.

그는 시끄러운 듯이 벌떡 일어섰습니다. 그리고 달빛이 비친 내 얼굴을 정면으로 바라보다가,

"아, K선생님 아니세요?"

하면서 나를 붙들었습니다. 그래서 그렇노라고 하니깐,

"사진으로는 늘 뵈었습니다마는……."

하면서 다시 맥없이 나를 놓으며 머리를 돌렸습니다.

그 순간, 그가 머리를 돌이키는 순간 달빛에 얼핏, 나는 그의 얼굴을 처음 보았습니다. 그리고 나는 거기서 뜻밖에 삼십 년 전에 죽은 벗 백○○의 모습을 발견하였습니다.

"자, 자네 이름이 뭔가?"

"백성수……."

"백성수? 그 백○○의 아들이 아닌가. 삼십 년 전에, 자네가 나오기 전에 세상을 떠난……."

그는 머리를 번쩍 들었습니다.

"네? 선생님 어떻게 아세요?"

"백○○의 아들인가? 같이두 생겼다. 내가 자네의 어르신네와 동창이네. 아아, 역시 그 애비의 아들이다."

그는 한숨을 길게 쉬며 머리를 수그려 버렸습니다.

나는 그 날 밤 그 백성수를 데리고 집으로 돌아왔습니다. 그리고 비록 작곡상 온갖 법칙에는 어그러진다 하나, 그만치 힘과 정열과 열성으로 찬 소나타를 거저 버리기가 아까워서 다시 한 번 피아노에 올라앉기를 명하였습니다. 아까 예배당에서 내가 베낀 것은 알레그로가 거의 끝난 곳부터

였으므로 그 전 것을 베끼기 위해서였습니다.

그는 피아노를 향해 앉아서 머리를 기울였습니다. 몇 번 손으로 키를 두드려 보다가는 다시 머리를 기울이고 생각하고 하였습니다. 그러나 다섯 번, 여섯 번을 다시하여 보았으나, 아무 효과도 없었습니다. 피아노에서 울려 나오는 음향은 규칙 없고 되지 않은 한낱 소음에 지나지 못하였습니다. 야성? 힘? 귀기? 그런 것은 없었습니다.

"선생님, 잘 안 됩니다."

그는 부끄러운 듯이 연하여 고개를 기울이며 이렇게 말하였습니다.

"두 시간도 못 돼서 벌써 잊어버린담?"

나는 그를 밀어 놓고 내가 대신하여 피아노 앞에 앉아서 아까 베낀 그 음보를 놓았습니다. 그리고 내가 베낀 곳부터 타기 시작하였습니다.

화염! 화염! 빈곤, 주림, 야성적 힘, 기괴한 감금당한 감정! 음보를 보면서 타던 나는 스스로 흥분이 되었습니다. 미상불 그 때는 내 눈은 미친 사람같이 번득였으며, 얼굴은 흥분으로 새빨갛게 되었을 것이었습니다.

즉, 그 때에 그가 갑자기 달려들더니 나를 떠밀쳐 버렸습니다. 그리고 자기가 대신하여 앉았습니다.

의자에서 떨어진 나는 너무 흥분되어 다시 일어날 힘도 없이 그 자리에 앉은 대로 그의 양을 쳐다보았습니다. 그는 나를 밀쳐 버린 다음에 그 음보를 들고서 읽기 시작하였습니다. 아아, 그의 얼굴! 그의 숨소리가 차차 높아지면서 눈은 미친 사람과 같이 빛을 내기 시작하였습니다. 그러더니 그 음보를 홱 내던지며 문득 벼락같이 그의 두 손은 피아노 위에 덧엎혔습니다. 'C샤프 단음계'의 광포스런 '소나타'는 다시 시작되었습니다. 폭풍우같이 또는 무서운 물결같이, 사람으로 하여금 숨막히게 하는 그 힘, 그것은 베토벤 이래로 근대 음악가에서 보지 못하던 광포스러운 야성이었습니다.

무섭고도 참담스런 주림, 빈곤, 압축된 감정, 거기서 튀어져 나온 맹염, 공포, 홍소 ─ 아아, 나는 너무 숨이 답답하여 뜻하지 않게 손을 홰홰 내저었습니다.

그 날 밤이 새도록 그는 흥분이 되어서 자기의 과거를 일일이 다 이야기하였습니다. 그 이야기에 의지하면 대략 그의 경력이 이러하였습니다.

그의 어머니는 그를 밴 뒤에 곧 자기의 친정에서 쫓겨 나왔습니다. 그 때부터 그의 가난함은 시작되었습니다. 그러나 교양이 있고 어진 그의 어머니는 품팔이를 할지언정 성수는 곱게 길렀습니다. 변변치 않으나마 오르간 하나를 준비하여 두고, 그가 잠자려 할 때에 슈베르트*의 '자장가' 로써 그의 잠을 도왔으며, 아침에 깰 때는 하루 종일 유쾌히 지내게 하기 위해서도 랜드의 '세컨드 왈츠' 로써 그의 원기를 돋우었습니다.

그는 세 살 났을 적에 어머니의 품에 안겨서 오르간을 장난하여 보았습니다. 이 오르간을 장난하는 것을 본 어머니는 근근이 돈을 모아서 그가 여섯 살 나는 해에 피아노를 하나 샀습니다.

아침에는 새소리, 바람에 버석거리는 포플러 잎, 어머니의 사랑, 부엌에서 국 끓는 소리, 이러한 모든 것이 이 소년에게는 신비스럽고도 다정스러워, 그는 피아노를 향해 앉아서 생각나는 대로 키를 두드리고 하였습니다. 이러한 가운데 고이 소학과 중학도 마쳤습니다. 그러는 동안에 음악에 대한 동경은 그의 가슴에 터질 듯이 쌓였습니다.

중학을 졸업한 뒤에는 인젠 어머니를 위하여 그는 학업을 중지하지 않을 수가 없었습니다. 그는 어떤 공장의 직공이 되었습

* 슈베르트(Franz Peter Schubert) 오스트리아의 작곡가. 가곡에 뛰어난 작품이 많아 '가곡의 왕' 으로 불리며, 주요 작품으로는 〈마왕〉, 〈들장미〉, 〈미왕성 교향곡〉 등이 있음(1797~1828).

슈베르트

니다. 그러나 어진 어머니의 교육 아래서 길러난 그는, 비록 직공은 되었다 하나 아주 온량한 사람이었습니다.

그리고 음악에 대한 집착은 조금도 줄지 않았습니다. 비록 돈이 없어서 정식으로 음악 교육은 못 받을망정, 거리에서 손님을 끄느라고 틀어놓은 유성기 앞이며, 또는 일요일날 예배당에서 찬양대의 노래에 젊은 가슴을 뛰놀리던 그였습니다. 집에서는 피아노 앞을 떠나 본 일이 없었습니다. 때때로 비상한 감흥으로 오선지를 내놓고 음보를 그려 본 적도 한두 번이 아니었습니다. 그러나 이상한 것은, 그만큼 뛰놀던 열정과 터질 듯한 감격도 음보로 그려 놓으면 아무 긴장도 없는 싱거운 음계가 되어 버리고 하였습니다. 왜? 그만큼 천분이 있고 그만큼 열정이 있던 그에게서 왜 그런 재와 같은 음악만 나왔느냐고 물으실 테지요. 거기 대하여서는 이따가 설명하리다.

감격과 불만, 열정과 재, 비상한 흥분과 그 흥분에 대한 반비례되는 시원치 않은 결과, 이러한 불만의 십 년이 지났습니다.

그의 어머니는 문득 몹쓸 병에 걸렸습니다.

자양과 약값, 그의 몇 해를 근근이 모았던 돈은 차차 줄기 시작하였습니다. 조금이라도 안락한 생활이 되기만 하면 정식으로 음악에 대한 교육을 받으려고 모아 두었던 저금은 그의 어머니의 병에 다 들어갔습니다. 그러나 그의 어머니의 병은 차도가 보이지 않았습니다.

그리하여 그와 내가 그 예배당에서 만나기 전 해 여름 어떤 날, 그의 어머니는 도저히 회복할 가망이 없는 중태에까지 빠지게 되었습니다. 그러나 그 때는 벌써 그에게는 돈이라고는 다 떨어진 때였습니다.

그 날 아침, 그는 위독한 어머니를 버려 두고 역시 공장에 갔습니다. 그러나 아무리 하여도 마음이 놓이지 않아서, 일을 중도에 그만두고 집으로 돌아왔습니다. 그 때는 어머니는 벌써 혼수 상태에 빠져 있었습니다. 가슴이 덜컥 내려앉은 그는 황급히 다시 뛰어나갔습니다. 그러나 어디로?

무얼 하러? 뜻없이 뛰어나와서 한참 달음박질하다가, 그는 문득 정신을 차리고 의사라도 청할 양으로 히끈 돌아섰습니다.

그 때였습니다. 아까 내가 말한 바 '기회'라는 것이 그 때에 그의 앞에 나타났습니다. 그것은 조그만 담배 가게 앞이었는데, 가게와 안방과의 사이의 문은 닫혀 있고 안에는 미상불 사람이 있을지나 가게를 보는 사람이 눈에 안 띄었습니다. 그리고 그 담뱃상자 위에는 오십 전짜리 은전 한 닢과 동전 몇 닢이 놓여 있었습니다.

그는 자기로도 무엇을 하는지 몰랐습니다. 의사를 청하여 오려면 다만, 몇십 전이라도 돈이 있어야겠단 어렴풋한 생각만 가지고 있던 그는 한번 사면을 살핀 뒤에 벼락같이 그 돈을 쥐고 달아났습니다.

그러나 그는 채 이십 간도 뛰지 못하여 따라오는 그 집 사람에게 붙들렸습니다. 그는 몇 번을 사정하였습니다. 마지막에는 자기의 어머니가 명재경각*이니 한 시간만 놓아 주면 의사를 어머니에게 보내고 다시 오마고까지 하여 보았습니다. 그러나 그런 말은 모두 헛소리로 돌아가고, 그는 마침내 경찰서로 가게 되었습니다.

경찰서에서 재판소로, 재판소에서 감옥으로 —— 이러한 여섯 달 동안에 그는 이를 갈면서 분해하였습니다. 자기 어머니의 운명이 어찌 되었나. 그는 손과 발을 동동 구르면서 안타까워했습니다. 만약 세상을 떠났다 하면, 떠나는 순간에 얼마나 자기를 찾았겠습니까. 임종에도 물 한 잔 떠 넣어 줄 사람이 없는 어머니였습니다. 애타하는 그 모양, 목말라 하는 모양을 생각하고는, 그 어머니에게 지지 않게 자기도 애타하고 목말라했습니다.

반 년 뒤에 겨우 광명한 세상에 나와서 자기의 오막살이를 찾아가매, 거기는 벌써 다른 사람이 들어 있었으며, 어머니는 반 년 전에 아들을 찾

＊명재경각(命在頃刻) 금방 숨이 끊어질 지경에 이름. 거의 죽게 됨.

으며 길에까지 기어나와서 죽었다 합니다. 공동 묘지를 가 보았으나, 분묘조차 발견할 수 없었습니다. 이리하여, 갈 곳이 없어 헤매던 그는, 그날도 역시 갈 곳을 찾으려 헤매다가 그 예배당(나하고 만난)까지 뛰쳐 들어온 것이었습니다.

여기까지 이야기해 오던 K씨는 문득 말을 끊었다. 그리고 마도로스 파이프를 꺼내어 담배를 피워 가지고 빨면서 모씨에게 향하였다.

"선생은 이제 내가 이야기한 가운데 모순된 점을 발견 못 하셨습니까?"

"글쎄요."

"그럼 내가 대신 물으리다. 백성수는 그만큼 천분이 많은 음악가였는데, 왜 그 '광염 소나타' (그 날 밤의 그 소나타를 '광염 소나타'라고 그랬습니다.)를 짓기 전에는 그만큼 흥분되고 긴장됐다가도 일단 그 음보로 만들어 놓으면 아주 힘없는 것이 되어 버리고 했겠습니까?"

"그게야 미상불 그 때의 흥분이 '광염 소나타'를 지을 때의 흥분만 못한 연고겠지요?"

"그렇게 해석하세요? 듣고 보니 그것도 한 해석이 되기는 합니다. 그러나 나는 그렇게 해석 안 하는데요."

"그럼 K씨는 어떻게 해석합니까?"

"나는, 아니, 내 해석을 말하는 것보다 그 백성수한테서 내게로 온 편지가 한 통 있는데 그것을 보여 드리리다. 선생은 오늘 바쁘지 않으세요?"

"일은 없습니다."

"그러면 우리 집까지 잠깐 가 보실까요?"

"가지요."

두 노인은 일어섰다.

도회와 교외의 경계에 딸린 K씨의 집에까지 두 노인이 이른 때는 오후 너덧 시가 된 때였다.

두 노인은 K씨의 서재에 마주 앉았다.

"이것이 이삼 일 전에 백성수한테서 내게로 온 편지인데 읽어 보세요."

K씨는 서랍에서 커다란 편지 뭉치를 꺼내어 모씨에게 주었다. 모씨는 받아서 폈다.

"가만, 여기서부터 보세요. 그 전에는 쓸데없는 인사이니까."

……(중략) 그리하여 그 날도 또한 이제 밤을 지낼 집을 구하노라고 돌아다니던 저는 우연히 그 집(제가 전에 돈 오십여 전을 훔친 집) 앞에까지

이르렀습니다. 깊은 밤 사면은 고요한데 그 집 앞에서 갈 곳을 구하노라고 헤매던 저는 문득 마음 속에 무서운 복수의 생각이 일어났습니다. 이 집만 아니었더라면, 이 집 주인이 조금만 인정이라는 것을 알았더면 저는 그 불쌍한 제 어머니로서 길에까지 기어나와서 세상을 떠나게 하지는 않았겠습니다. 분묘가 어디인지조차 알지 못하여, 꽃 한 번 꽂아 보지 못한 불효도, 이 집 때문이외다. 이러한 생각에 참지를 못하여 그 집 앞에 가려 있는 볏짚에다가 불을 놓았습니다. 그리고 거기 서서 불이 집으로 옮아가는 것을 다 본 뒤에 갑자기 무서운 생각이 나서 달아났습니다.

좀 달아나다 보매, 아래서는 사람이 꾀어 들기 시작한 모양인데 이 때에 저의 머리에 떠오르는 생각은 통쾌하다는 생각과 달아나려는 생각뿐이었습니다. 그리하여 저는 몸을 숨기기 위하여 앞에 보이는 예배당으로 뛰어들어갔습니다. 거기서 불이 다 타도록 구경을 한 뒤에 나오려다가 피아노를 보고…….

"이 보세요."
K씨는 편지를 보는 모씨를 찾았다.
"비상한 열정과 감격은 있어두, 그것이 그대로 표현 안 된 것이 그것 때문이었습니다. 즉 성수의 어머니는 몹시 어진 사람으로서, 어렸을 때부터 성수의 교육을 몹시 힘을 들여서 착한 사람이 되도록 이렇게 길렀습니다그려. 그 어진 교육 때문에 그가 하늘에서 타고난 광포성과 야성이 표면상에 나타나지 못하였습니다. 그 타오르는 야성적 열정과 힘이 음보로 그려 놓으면 아주 힘없는, 말하자면 김빠진 술과 같이 되고 하는 것이 모두 그 때문이었습니다그려. 점잖고 어진 교훈이, 그의 천분을 못 발휘하게 한 셈이지요."
"흠!"
"그것이, 그 사람 성수가, 감옥 생활을 한 동안에 한 번 씻기기는 하였으나, 그러나 사람의 교양이라 하는 것은 완전히 씻지는 못하는 것이외다. 그러다가 그 '원수' 의 집 앞에서 갑자기, 말하자면 돌발적으로 야성과 광포성이 나타나서 불을 놓고 예배당 안에 숨어 서서 그 야성적 광포적 쾌미를 한껏 즐긴 다음에, 그에게서 폭발하여 나온 것이 그 '광염 소나타' 였구려. 일어서는 불길, 사람의 비명, 온갖 것을 무시하고 퍼져 나가는 불의 세력. —— 이런 것은 사실 야성적 쾌미 가운데 으뜸이 되는 것이니깐요."

"……."

"아셨습니까? 그러면 그 다음에 그 편지의 여기부터 또 보세요."

……(중략) 저는 그 날의 일이 아직 눈앞에 어리는 듯하외다. 선생님이 저를 세상에 소개하시기 위하여, 늙으신 몸이 몸소 피아노에 앉으셔서, 초대한 여러 음악가들 앞에서 제 '광염 소나타' 를 탄주하시던 그 광경은 지금 생각하여도 제 눈에서 눈물이 나오려 합니다. 그 때에 그 손님 가운데 부인 손님 두 분이 기절을 한 것은 결코 '광염 소나타' 의 힘뿐이 아니고, 선생의 그 탄주의 힘이 섞인 것을 뉘라서 부인하겠습니까. 그 뒤에 여러 사람 앞에 저를 내세우고,

"이 사람이 '광염 소나타' 의 작자이며, 삼십 년 전에 우리를 버려 두고 혼자 간 일대의 귀재 백○○의 아들이외다."
고 그 소개를 하여 주신 그 때의 그 감격은 제 일생에 어찌 잊사오리까.

그 뒤에 선생님께서 저를 위하여 꾸며 주신 방도 또한 제 마음에 가장 맞는 방이었습니다. 널따란 북향 방에 동남쪽 귀에 든든한 참나무 침대가 하나, 서북쪽 귀에 아무 장식 없는 참나무 책상과 의자, 피아노가 하나씩, 그 밖에는 방 안에 장식이라고는 서남쪽 벽에 커다란 거울이 하나 있을 뿐, 덩그렇게 넓은 방은 사실 밤에 전등 아래 앉아 있노라면 저절로 소름

이 끼치도록 무시무시한 방이었습니다. 게다가 방 안은 모두 검은 칠을 하고, 창 밖에는 늙은 홰나무의 고목이 한 그루 서 있는 것도 과연 귀기가 돌았습니다. 이러한 가운데서 선생님은 저로 하여금 방분스러운 음악을 낳도록 애써 주셨습니다.

저도 그런 환경 아래서 좋은 음악을 낳아 보려고 얼마나 애를 썼겠습니까. 어떤 날 선생님께 작곡에 대한 계통적 훈련을 원할 때에 선생님은 이렇게 대답하셨습니다.

"자네게는 그러한 교육이 필요가 없어. 마음대로 나오는 대로 하게. 자네 같은 사람에게 계통적 훈련이 들어가면 자네의 음악은 기계화해 버리고 말아. 마음대로 온갖 규칙과 규범을 무시하고 가슴에서 터져 나오는 대로……."

저는 이 말씀의 뜻을 똑똑히는 몰랐습니다. 그러나 대략한 의미뿐은 통하였습니다. 그리하여 저는 마음대로 한껏 자유스러운 음악의 경지를 개척하려 하였습니다. 그러나 그 동안에 제가 산출한 음악은 모두 이상히도 저의 이전(제 어머니가 아직 살아 계실 때)의 것과 마찬가지로 아무러한 힘도 없는 음향의 유희에 지나지 못하였습니다.

저는 얼마나 초조하였겠습니까. 때때로 선생님께서 채근 비슷이 하시는 말씀은 저로 하여금 더욱 초조하게 하였습니다. 그리고 마음이 초조하면 초조할수록 제게서 생겨나는 음악은 더욱 나약한 것이 되었습니다.

저는 때때로 그 불붙던 광경을 생각하여 보았습니다. 그리고 그 때의 통쾌하던 감정을 되풀이하여 보려 하였습니다. 그러나 그것 역시 실패에 돌아갔습니다. 때때로 비상한 열정으로 음보를 그려 놓은 뒤에, 몇 시간을 지나서 다시 한 번 읽어 보면, 거기는 아무 힘이 없는 개념만 있고 하였습니다. 저의 마음은 차차 무서워지기 시작하였습니다. 그리고 큰 기대를 가지고 계신 선생님께도 미안하기가 짝이 없었습니다.

"음악은 공예품과 달라서 마음대로 만들고 싶은 때에 되는 것이 아니니 마음놓고 천천히 감흥이 생긴 때에……."

이러한 선생의 위로의 말씀을 듣기가 제 살을 깎아먹는 듯하였습니다. 그러나 제 마음 속은, 이제는 다시 힘있는 음악이 나올 기회가 없는 것 같이만 생각되었습니다. 이러는 동안에 무위의 몇 달이 지나갔습니다.

어떤 날 밤중, 가슴이 너무 무겁고 가슴 속에 무엇이 가득 찬 것같이 거북하여서 저는 산보를 나섰습니다. 무거운 머리와 무거운 가슴과 무거운 다리를 지향 없이 옮기면서 돌아다니다가, 저는 어떤 곳에서 커다란 볏짚 낟가리를 발견하였습니다.

이 때의 저의 심리를 어떻게 형용하였으면 좋을지 저는 모르겠습니다. 저는 무슨 무서운 적을 만난 것같이 긴장되고 흥분되었습니다. 저는 사면을 한 번 살펴보고 그 낟가리에 달려가서 불을 그어서 놓았습니다. 그리고 갑자기 무서움증이 생겨서 돌아서서 달아나다가, 멀찌가니까지 달아나서 돌아보니까, 불길은 벌써 하늘을 찌를 듯이 일어났습니다. 왁, 왁, 꺄, 꺄, 사람들이 부르짖는 소리도 들렸습니다. 저는 다시 그곳까지 가서, 그 무서운 불길에 날아 올라가는 볏짚이며, 그 낟가리에 연달아 있는 집을 헐어 내는 광경을 구경하다가 문득 흥분되어서 집으로 돌아왔습니다.

그 날 밤에 된 것이 '성난 파도'였습니다. 그 뒤에 이 도회에서 일어난 알지 못할 몇 가지의 불은 모두 제가 질러 놓은 것이었습니다. 그리고 불이 있던 날 밤마다 저는 한 가지의 음악을 얻었습니다. 며칠을 연하여 가슴이 몹시 무겁다가, 그것이 마침내 식체와 같이 거북하고 답답하게 되는 때는 저는 뜻 없이 거리를 나갑니다. 그리고 그러한 날은 한 가지의 방화 사건이 생겨나며, 그 날 밤에는 한 곡의 음악이 생겨났습니다.

그러나 그것도 번수가 차차 많아 갈 동안, 저의 그 불에 대한 흥분은 반비례로 줄어졌습니다. 온갖 것을 용서하지 않는 불꽃의 잔혹함도, 그다지 제 마음을 긴장시키지 못하였습니다.

"차차, 힘이 적어져 가네."

선생님께서 제 음악을 보시고 이렇게 말씀하신 것이 그러한 때였습니다. 그러나 저는 게서 더할 도리가 없었습니다. 하는 수 없이 저는 한동안 음악을 온전히 잊어버린 듯이 내버려 두었습니다.

모씨가 성수의 편지를 여기까지 읽었을 때, K씨가 찾았다.

"재작년 봄에서 가을에 걸쳐서 원인 모를 불이 많지 않았습니까. 그것이 죄 성수의 장난이었습니다그려."

"K씨는 그것을 완전히 모르셨습니까?"

"나요? 몰랐지요. 그런데, 그 어떤 날 밤이구려. 성수는 기대에 반해서 우리 집으로 온 지 여러 달이 됐지만, 한 번도 힘있는 것을 지어 본 일이 없었지요. 그래서 저 사람에게 무슨 흥분될 재료를 줄 수가 없나 하고 혼자 생각하며 있더랬는데, 그 때에 저편 —— ."

K씨는 손을 들어 남쪽 창을 가리켰다.

"저 —— 편 꽤 멀리서 불붙는 것이 눈에 뜨입디다그려. 그래 저것을 성수에게 보이면, 혹 그 때의 감정(그 때는 나는 그 담배 장수네 집에 불이 일어난 것도 성수의 장난인 줄은 꿈에도 생각 안 했구려.)을 부활시킬지도 모르겠다, 이렇게 생각하구 성수의 방으로 올라가려는데, 문득 성수의 방에서 피아노 소리가 울려 나옵디다그려. 나는 올라가려던 발을 부지*중 멈추고 말았지요. 역시 C샤프 단음계로서, 제일곡은 뽑아 먹고 아다지오*에서 시작되는데, 고요하고 잔잔한 바다, 수평 위로 넘어가려는 저녁 해, 이러한 온화한 것이 차차 스케르초로 들어가서는 소낙비, 풍랑, 번개질, 무서운 바람 소리, 우레질, 전복되는 배, 곤해서 물에

＊ 부지(不知) 알지 못함.
＊ 아다지오(adagio) 음악 용어, '느리게' 라는 뜻. 또 소나타, 조곡 등에서 느린 악장의 통칭으로 쓰임.

떨어지는 갈매기, 한 번 뒤집어지면서 해일에 쓸려 나가는 동네 사람들의 부르짖음. —— 흥분에서 흥분, 광포에서 광포, 야성에서 야성, 온갖 공포와 포악한 광경이 눈앞에 어릿거리는데, 이 늙은 내가 그만 흥분에 못 견디어 뜻하지 않고 '그만두어 달라' 고 고함친 것만으로도 짐작하시겠지요. 그리고 올라가서 보니까, 그는 탄주를 끝내고 피곤한 듯이 기대고 앉아 있고, 이제 탄주한 것은 벌써 '성난 파도' 라는 제목 아래 음보로 되어 있습디다.”

“그러면 성수는 불을 두 번 놓고, 두 음악을 낳았다는 말씀이지요?”

“그렇지요. 그리고 그 뒤부터는 한 십여 일 건너서는 하나씩 지었는데, 그것이 지금 보면 한 가지의 방화 사건이 생길 때마다 생겨난 것이었습니다. 그러나 그의 편지마따나, 얼마 지나서부터는 차차 그 힘과 야성이 적어지기 시작했지요. 그래서——.”

“가만 계십쇼. 그 사람이 다음에도 '피의 선율' 이나 그 밖에 유명한 곡조를 여러 개 만들지 않았습니까?”

“글쎄 말이외다. 거기 대한 설명은 그 편지를 또 보십쇼. 여기서부터 또 보시면 알리다.”

……(중략) ××다리 아래로서 나오려는데, 무엇이 발길에 채는 것이 있었습니다. 성냥을 그어 가지고 보니깐, 그것은 웬 늙은이의 송장이었습니다. 저는 그것이 무서워서 달아나려다가, 돌아서려던 발을 다시 돌이켰습니다. 그리고, 선생님은 이제 제가 쓰는 일을 이해하여 주실는지요. 그것은 너무나도 기괴한 일이라 저로서도 믿어지지 않는 일이었습니다. 그 송장을 타고 앉았습니다. 그리고 그 송장의 옷을 모두 찢어서 사면으로 내던진 뒤에 그 발가벗은 송장을(제 힘이라 생각되지 않는) 무서운 힘으로써 높이 쳐들어서, 저편으로 내던졌습니다. 그런 뒤에는 마치 고양이가 알을 가지고 놀듯 다시 뛰어가서 그 송장을 들어서 도로 이 편으로 던졌

습니다. 이렇게 몇 번을 하여 머리가 깨지고 배가 터지고 —— 그 송장은 보기에도 참혹스럽게 되었습니다. 그리하여 그 송장을 다시 만질 곳이 없이 된 뒤에 저는 그만 곤하여 그 자리에 앉아서 쉬려다가 갑자기 마음이 긴장되고 흥분되어서, 집으로 달려왔습니다. 그 날 밤에 된 것이 '피의 선율'이었습니다.

"선생은 이러한 심리를 아시겠습니까?"
"글쎄요."
"아마, 모르실걸요. 그러나 예술가로서는 능히 머리를 끄덕일 수 있는 심리외다. 그리고 또 여기를 읽어 보십시오."

……(중략) 그 여자가 죽었다는 것은 제게는 사실 뜻밖이었습니다. 저는 그 날 밤 혼자 몰래 그 여자의 무덤을 찾아갔습니다. 그리고 칠팔 시간 전에 묻어 놓은 그의 무덤의 흙을 다시 파서 그의 시체를 꺼내어 놓았습니다. 푸르른 달빛 아래 누워 있는 아름다운 그의 모양은 과연 선녀와 같았습니다. 가볍게 눈을 닫고 있는 창백한 얼굴, 곧은 콧날, 풀어 헤친 검은 머리 —— 아무 표정도 없는 고요한 얼굴은 더욱 치열함을 도왔습니다. 이것을 정신이 없이 들여다보고 있던 저는 갑자기 흥분이 되어, 아아, 선생님, 저는 이 아래를 쓸 용기가 없습니다. 재판소의 조서를 보시면 저절로 아실 것이올시다. 그 날 밤에 된 것이, '사령'이었습니다.

"어떻습니까?"
"……."
"언어도단*이에요? 선생의 눈으로는 뵈시리다. 또 여기를 읽어 보십쇼."

---

* 언어도단(言語道斷) 말문이 막힌다는 뜻으로, 어이가 없어 이루 말로 나타낼 수가 없음을 이르는 말.

……(중략) 이리하여 저는 마침내 사람을 죽인다 하는 경우에까지 이르렀습니다.

그리고 한 사람이 죽을 때마다 한 개의 음악이 생겨났습니다. 그 뒤부터 제가 지은 그 모든 것은, 모두 다 한 사람씩의 생명을 대표하는 것이었습니다.

"인전 더 보실 것이 없습니다. 그런데 그만큼 보셨으면 성수에 대한 대략한 일은 아셨을 터인데, 거기 대한 의견이 어떻습니까?"

"……."

"네?"

"어떤 의견 말씀이오니까?"

"어떤 '기회'라는 것이 어떤 사람에게서, 그 사람의 가지고 있는 천재와 함께 '범죄 본능'까지 끌어 내었다 하면, 우리는 그 '기회'를 저주해야겠습니까, 혹은 축복해야겠습니까. 이 성수의 일로 말하자면 방화, 사체 모욕, 시간, 살인, 온갖 죄를 다 범했어요. 우리 예술가 협회에서 별로 수단을 다 써서 정부에 탄원하고 재판소에 탄원하고 해서, 겨우 성수를 정신 병자라 하는 명목 아래 정신 병원에 감금했지, 그렇지 않으면 당장 사형이 아닙니까. 그런데 이제 그 편지를 보셔도 짐작하시겠지만, 통상시에는 그 사람은 아주 명민하고 점잖고 온화한 청년입니다. 그러나 때때로 그, 뭐랄까, 그 흥분 때문에 눈이 아득해져서 무서운 죄를 범하고, 그 죄를 범한 다음에는 훌륭한 예술을 하나씩 산출합니다. 이런 경우에 우리는 그 죄를 밉게 보아야 합니까, 혹은 범죄 때문에 생겨난 예술을 보아서 죄를 용서하여야 합니까?"

"그게야, 죄를 범치 않고 예술을 만들어 냈으면 더 좋지 않습니까?"

"물론이지요. 그러나 이 성수 같은 사람도 있는 것이니깐 이런 경우엔 어떻게 해결하렵니까?"

"죄를 벌해야지요. 죄악이 성하는 것을 그냥 볼 수는 없습니다."

K씨는 머리를 끄덕였다.

"그렇겠습니다. 그러나, 우리 예술가의 견지로는 또 이렇게 볼 수도 있습니다. 베토벤* 이후로는 음악이라 하는 것이 차차 힘이 빠져 가서, 꽃이나 계집이나 찬미할 줄 알고 연애나 칭송할 줄 알아서, 선이 굵은 것은 볼 수가 없이 되었습니다. 게다가 엄정한 작곡법이 있어서 그것은 마치 수학의 방정식과 같이 작곡에 대한 온갖 자유스런 경지를 제한해 놓았으니깐, 이후에 생겨나는 음악은 새로운 길을 재촉하기 전에는 한 기술이 될 것이지 예술이 될 수는 없습니다. 예술가에게는 이것이 쓸쓸해요. 힘있는 예술, 선이 굵은 예술, 야성으로 충일된 예술. ── 우리는 이것을 기다린 지 오랬습니다. 그럴 때에 백성수가 나타났습니다. 사실 말이지 백성수의 그새의 예술은 그 하나하나가 모두 우리의 문화를 영구히 빛낼 보물입니다. 우리 문화의 기념탑입니다. 방화? 살인? 변변치 않은 집개, 변변치 않은 사람개는 그의 예술의 하나가 산출되는 데 희생하라면 결코 아깝지 않습니다. 천 년에 한 번, 만 년에 한 번 날지 못 날지 모르는 큰 천재를, 몇 개의 변변치 않은 범죄를 구실로 이 세상에서 없이 하여 버린다 하는 것은 더 큰 죄악이 아닐까요. 적어도 우리 예술가에게는 그렇게 생각됩니다."

K씨는 마주앉은 노인에게서 편지를 받아서 서랍에 집어 넣었다. 새빨간 저녁 해에 비쳐서 그의 늙은 눈에는 눈물이 번득였다.

---

* 베토벤(Ludwig van Beethoven) 독일의 작곡가. 강한 개성을 발휘하여 낭만파의 창시자로서 현대 음악에 큰 영향을 끼쳐 '악성'이라고 불림. 작품에는 교향곡 〈영웅〉, 〈운명〉, 〈전원〉 등이 있음.(1770~1827)

베토벤

목 숨

나는 M이 죽은 줄만 알았다.

그가 이상한 병에 걸리기는 다섯 달 전쯤이다. 처음에는 입맛이 없어져서 음식을 못 먹었다. 그러나 배는 차차 불러지고, 배만 불러질 뿐 아니라 온몸이 부으며 그의 얼굴은 바늘 끝으로 찌르면 물이라도 서너 그릇 쏟아질 것같이 누렇게 되었다. 그의 말을 들으면 배도 그 이상으로 되었다 한다. 그렇다고 몸 어디가 아프냐 하면 그렇지도 않고, 다만 어지럽고 때때로 구역이 날 뿐이다.

그는 S병원에 다니면서 약을 먹었다. 그러나 병은 조금도 낫지 않고 점점 더하여 갈 뿐이다. 마침내 그는 S병원에 입원하였다.

나는 매일 그를 찾아가 보았다. 그는 언제든지 안락 의자에 걸터앉아 있다가 내가 가면 기뻐서 맞고, 곧 담배를 달라 한다. 예수교 병원이라 입원 환자에게 담배 먹는 것을 금하므로 그는 내가 가야만 담배를 먹는다. 간호부는 그와 서로 아는 처지이므로, 다만 웃은 뒤에 머리를 돌리곤 하였다. 그의 뛰노는 성질은, 병원 안에 가만히 갇혀 있는 사람이 무한 견디기 힘드는 것 같았다.

  그러는 동안, 나는 좀 여행을 할 일이 있어서 그 준비로 며칠 동안 병원에 못 갔다가 사나흘 뒤에 작별을 하러 가니까 그의 병은 갑자기 더하여 면회까지 사절한다. 원장은 마지막 그에게 죽음을 선고하였단 말을 들었다. 나는 그만 집으로 돌아왔다.

  '그가 죽는다. 그 활기가 몸 안에 차고 남아서, 주위의 대기에까지 활기를 휘날리던 그가 죽는다. 믿을 수 없다. 사람의 목숨이란…….'

  나와 그의 사귐은 때는 짧았다. 그러나 깊었다. 나는 곤충학을 연구하고 있었는데 그는 한 예술가로서 시인이었다. 다시 말하자면, 나와 그는 과학과 예술의 두 끝에 대립하여 있었다. 그렇지만 그와 나 사이에는 공통점이 있었다. 자연을 끝까지 개척하여 우리 '사람'의 정력뿐으로 된 세계를 만들어 보겠다는 과학자인 나와, 참자기의 모양을 표현하고야 말겠다는 예술가인 그와, 제이의 자기를 만들어 놓는다는 데 공통점이 있다. 나는 그와 사귐의 때는 짧았으되 깊은 것은, 이와 같은 서로 주지*상의 공통점을 이해한 데 있었으리라. 그가 죽음의 선고를 받았다는 말을 들은 때에 내가 놀란 것은 '사회를 위하여 한 아까운 천재를 잃어버리는 것이 슬프므로…….' 라고 말하고는 싶지만, 기실로는 이만큼 서로 통정한 벗 (내게는 M만큼 서로 이해하는 벗이 다시 없다.)을 잃어버리는 것이 나 자신을 위하여 싫었다.

  이튿날, 나는 마침내 되게 앓는 벗을 버려 두고, 오래 벼르던 여행을 강원도 넓은 벌로 떠났다. 나의 여행의 목적은 곤충 채집이었다.

  포충망과 독호를 가지고, 벌판을 이리저리 두 달 동안을 돌아다니면서, 학계에 쉽지 않은 곤충을 여러 가지를 얻었다. 이로 말미암아 M을 죽어 가는 대로 내버려 두고 얼마 동안 잊고 있었다.

---

* 주지(主旨) 주되는 뜻.

여행을 끝내고 돌아오매 책상 위에 여러 장의 편지가 있는데 그 가운데는 M의 것도 있었다.

나는 죽는다. 원장까지 할 수 없다 한다. 나는 살아 있는 모든 사람을 미워한다. 그들에게도 하루바삐 나와 같은 경우가 이르기를 바란다. 자네에게도……. 그러나 나는 죽기 전에 이 대필로 쓴 편지라도 자네에게 작별을 안 할 수가 없다. 나는 자네를 '살아 있는 사람'으로서 미워하지만, 또 동시에 사랑하는 벗으로서는 죽기 전까지 잊을 수가 없다. 나의 이 편벽*된 마음을 자네는 용서할 줄 믿는다.

이와 같은 뜻의 글이 M의 글씨가 아닌 글씨로 병원 용전에 씌어 있다.

나는 형용할 수 없는 외로움을 맛보면서 이 편지를 쓰던 당시의 일을 머릿속에 그려 보았다. M은 퉁퉁 부은 몸집을 억지로 한 팔로 의지하고 반만큼 일어나서 대필인에게 구술을 한다. 낯을 찡그리고 목쉰 소리로 끊어지는 듯이……. 그리고 구술을 끝낸 뒤에 맥난 몸을 다시 털썩 병상 위에 놓은 뒤에 눈을 감는다. 이제 곧 이를 '죽음'은 생각 안 나고 그는 삶에 대한 끝없는 집착만 깨닫는다.

"나는 왜 죽느냐? 모든 사람은, 사람뿐 아니라 모든 동물은, 식물은, 심지어 뫼, 시내, 또는 바위까지라도 살아 있는데, 나는 왜 죽느냐? 전차가 다닌다. 에잇! 골난다. 모두 다 이 세상이 끝나 버려라. 없어져라! 나와 함께 없어져 버려라!"

끝까지 흥분된 그는 벌떡 일어나 앉는다. 누렇게 부은 얼굴에는 그대로 남아 있던 피가 모여서 새빨갛게 충혈이 된다…….

'아아, M은 죽었나!'

* 편벽(偏僻) 마음이 한쪽으로 치우침.

벗을 생각하는 정인지 사람을 불쌍히 여기는 마음인지 눈에는 뜨거운 눈물이 떠올랐다.

남보다 곱이나 삶에 집착성이 있던 M은, 남보다 곱 죽음을 싫어하였을 것은 정한 일이다. 그런 M이 자기에게 죽음이 이르렀을 때에, 온 천하여 없어져 버려라고 고함친 것이 무슨 이상한 일일까?

나는 곧 전화로 S병원에 M의 무덤을 물어 보았다. 벗의 혼을 위로하려는 정보다도 나의 양심에, M에게 대한 우정을 시인시키기 위하여 그의 무덤에 한잔 술이라도 붓지 않을 수가 없었다. 병원측의 회답은 요령을 얻을 수가 없었다. M이라는 사람이 입원은 하였지만, 다 나아서 퇴원하였다 한다. 이름 같은 딴 사람인가 하여 다시 물어 보았지만, 자기는 아직 견습 간호원이니까 똑똑히 모른다하므로 원장을 찾으니 원장은 여행중이요, 대진은 병중이요, P라 하는 간호부는 다른 병원으로 갔다 한다.

나는 하릴없이 어지러운 머리로 교자에 돌아왔다.

'M이 살았어? M이 죽고도 살았어? 죽음은 즉 삶의 밑이란 말인가……'

이리하여 이렁저렁 한 달이 지나서, 요 며칠 전의 일이다. 한 달 동안을 생각하여도, 평안 북도 이상으로 생각 안 나는 M의 고향을 또 생각하며 앉아 있을 때에 사환 애가 들어와서, 꼭 M과 같은 사람이 찾아왔다 한다.

'M은 안 죽었다. 그러나 이런 일이 능히 있을까? 원장이 내던진 환자를 누가 살렸을까? 그가 살았다! 견습 간호원의 전화 — M이 죽으면 신문에도 날 터인데 나는 못 보았다. 그는 살았다.'

한 초 동안에 이만큼 정돈된 생각이 머리에 지나가며, 흩어진 머리카락을 본능적으로 거슬며 나는 문으로 뛰어갔다. 문에 이르렀을 때에 M의 모양은 미처 못 보았지만, M에게서 난 듯한 활기를 그 근처 대기 중에서 맛볼 수가 있었다. 나는 문을 박차고 뛰어나가서 마주치는 사람을 붙들었다.

"왔구만, 왔구만! 죽지 않고 튼튼해서……."

"그만 안 죽었네."

M의 목소리다. 나는 눈을 들어서 M을 보았다. 눈물 괸 내 눈으로도,

"언제 병을 앓았나?"

하는 듯한 혈기가 가득 찬 그의 얼굴을 알아볼 수가 있었다.

그는 정다운 웃음을 띠고 나를 들여다본다.

"자, 아무렇든 들어가세."

나는 M을 안다시피 하여 응접실로 들어와서 함께 앉았다. 나는 마침내 그에게 물었다.

"그런데 웬일이야?"

그는 대답 없이 물끄러미 나를 보고 있다. 나는 그 '웬일'을 설명치않을 수가 없었다.

"죽은 사람이 다시 살아나다니……."

"자네, 내 편지 보았나?"

"보았네."

"죽은 줄 알았나?"

"죽은 줄 알지 않구! 오 분 전까지도 자네는 내 머리에는 송장이었네."

그는 웃으면서 물끄러미 내 얼굴을 들여다보고 있다가 말한다.

"사람의 목숨 한 개에 금 일 전의 정가가 붙어야겠네."

이번은 내가 물끄러미 그를 보지 않을 수가 없었다. 그는 설명하였다.

"이 내 감상 일기를 보면 알겠지. 어떻든 난 다시 살았네. 한 달 전에 퇴원해서, 한 달 동안을 유쾌한 여행을 하구, 지금은 전의 곱되는 왕성한 원기를 회복해 가지고 자네 앞에 나타나지 않았나? 가장 분명한 사실이네."

"그 원고 이리 주게."

"보게!"

그는 그의 특색인 악필로써 원고 용지에 되는 대로 쓴 원고를 한 뭉치

내놓는다. 나는 그것을 탁 채어서, 마치 목마를 때에 냉수 마시듯 읽기 시작하였다.

병상 일기(M의 감상 일기)

조각글 1
생각다 못하여 벗들의 권고*를 들어서 나는 그리 아프지 않되 불유쾌하게 배가 저릿저릿하고 구역이 연하여 나오는 병의 몸을 억지로 인력거에 싣고 우리의 눈에는 현세 지옥으로 비치는 병원으로, 입원차로 향하였다. 인력거의 바퀴가 돌을 차고 들썩들썩 올라 뛸 때마다 그 불유쾌한, 오히려 몹시 아픈 편이 시원할 만한 배의 경련이 일어나며, 구역이 목에까지 나와 걸려서 돌아간다.

하늘은 망원경을 거꾸로 내다보는 것같이 조그맣고, 그 빛은 송화빛 이상으로 노랗고 잿빛 이상으로 어둡다. 끝없이 높은 것 같기도 하고, 또는 곧 머리 위에서 누르는 것 같기도 하다. 그리고 거기는 샛노란 괴상한 구름이 속력을 다하여 인력거와 경주하자는 듯이 남쪽으로 달아난다. 샛노란 해는 꼭 이마 맞은편에 바로 보아도 눈이 부시지 않도록 어둡게 걸려 있다. 구름은 약간 있지만 흐릿한 봄날 치고는 맑은 셈이다. 그러나 내 눈에는 겨울보다도 어두웠다.

해도 어둡거니와 그보다 더 어두운 것은 나의 머리다. 별도 어둡고 내 살이라도 똑똑히 알지 못하리만큼 온전히 나의 몸과는 상관없는 살덩이가 염치 없이 몸집 위에 올라앉아 있고, 몸집과 머리를 연한 그 이상한 무엇인지 모를 흐늘흐늘하는, 앞으로 늘어진 것에서는 그치지 않고 구역이 난다. 구역이 나면서도 그것이 토하여지면 오히려 낫겠지만, 이 구역

─────────────

* 권고(勸告) 어떤 일을 하도록 타이르며 권함.

은……그것은 영문 모를 것으로서, 몸 속에서 만나고 침은 뱉으면 몇 초가 못 되어 입으로 다시 차고, 또 뱉으면 또다시 차고 하며 가슴에서 일어난 구역을 꿀꺼덕 참으면, 그 구역은 배로 내려가서 한참 배에서 돌아가다가, 돌아서서 머리로 손가락으로 가서는 거기 경련을 일으킨다.

'죽어라!'

나는 저주한 뒤에 눈을 감았다. 감아서 밖의 감각이 적어지니, 죽게 불유쾌하던 그 경련과 구역이 아픔으로 변하고 만다. 경련보다는 아픔이 나은지 모르겠다. 숨을 편히 쉴 수가 있다.

'이것이다. 사람이란 눈을 감은 뒤에야 처음으로 낙을 얻는다.'

나로서도 뜻을 모를 생각을 한 뒤에, 기껏 먼지 많은 공기를 들이마셨다. 인력거는 경종을 연하여 울리며, 험한 길을 돌을 차고 올라뛰면서 멀리 서천축까지라도 가는지 한없이 달아난다. 열한 시 반에 인력거에 올라서 아직 오포* 소리를 못 들었지만, 내게는 하루를 지나서 그 이튿날 저녁이라도 된 것 같다. 시간을 좀 알고 싶지만 내 손에서 내 포켓까지는 너무 거리가 멀므로 못 하였다.

참다못하여 눈을 떴다. 경종에 놀라서 후덕덕후덕덕 가로 뛰는 사람들은, 마치 우리가 흔히 상상하는 바 지옥의 요귀들이 염라 대왕 앞에서 춤을 출 때의 뛰는 모양 그것이다.

"재미있다!"

나는 중얼거렸다. 하늘의 요귀들이 모두 내려와서 나를 간지럼시키지나 않는지, 온몸에 참지 못할 경련이 일어나고 땀구멍마다 구역이 난다. 나는 칼이라도 하나 있으면, 인력거에서 뛰어내려서 여남은 사람 찔러 죽이지 않고는 못 견딜 만큼 긴장되었다.

내가 이 병 —— 의사도 모르는 —— 을 들기는 두 달 전이다. 처음에는

---

* 오포(午砲) 정오를 알리는 대포.

음식이 먹기 싫었다. 배는 언제든지 불러 있었다. 소화가 잘 된다는 빵을 먹어 보았지만 그것도 곧 도로 입으로 나왔다. 배는 애 밴 계집의 배같이 차차 불러오다가 얼마 지나서는 그것이 마치 잘 익은 앵두와 같이 새빨갛고 말쑥하게 되어서 바늘로 찌르면 눈에 눈물 맺히듯 물방울이라도 맺힐 듯이 되고, 그와 함께 그 반대로 얼굴에는 눈에 충혈된 밖에는 핏기운 없이, 노랗다 못하여 파랗게까지 되었다. 머리는 차차 무거워져서 마지막에는 온몸의 무게가 머리로 모였다가, 지금은 머리와 몸집은 온전한 두 개체가 되었다. 나는 때때로 머리를 어디다가 처치할까 생각하였다.

정신은 하나도 없어졌다. 이전에 공상에 나타났던 일과 실제의 일을 막 섞어서 나는 참 행복의 즐거움도 누려 보고 어떤 때는 그와 반대로 끝없는 슬픔으로 속을 썩여 보기도 하였다. 때때로 현실의 병중인 내가 생각할 때는 머리에서부터 냉수를 끼얹는 것 같은 소름과 어떻다 형용할 수 없는 무서움이 마음을 깨문다.

진찰한 의사는 누구든 아무 표정 없이 돌아서고 약은 물과 가루뿐이다. 입원 —— 마침내 나는 피할 수 없이 여기 마주치게 되었다.

망원경으로 보는 것같이 조그맣고 샛노란 하늘은 흔들리고 죽음의 이상하게 범벅된 거리는 그 하늘 아래서 아니 하늘 위에서……어딘지 모를 데서 목마른 소리로 지껄이고 있다. 구역을 참다못하여 눈을 또 감았다. 인력거는 그냥 한없이 달려간다. 눈가죽을 꿰고 햇빛은 주홍빛이 되어 피곤한 눈을 더욱 괴롭게 한다.

오포의 쾅 하는 소리를 들으며 눈을 뜨니, 인력거는 채를 놓으며, 눈앞에는 S병원의 시뻘건 집이 우뚝 서 있다. 나는 흡력*으로 말미암아 스르륵 병원 안에 빨려 들어갔다.

---

* **흡력**(吸力) 빨아들이는 힘.

조각글 2

마치 지옥이다. 처참, 산비* 어떻다고 형용할 수가 없다.

"우, 우, 우!"

외마디의 신음하는 소리 ——.

"아유, 아유, 아 —— 유!"

단말마의 부르짖음 ——. 시끄러운 전차 소리도 없어지고, 맞은편에서 생각나는 듯이 때때로 울리는 기차의 고동 소리만 들릴 때에 아래, 위, 곁방 —— 할 것 없이 십 리 밖 사방에서 울려 오는 듯한 귀곡성 —— 이것이 지옥이 아니고 무엇이랴? 전갈의 공격을 받는 죄인들의 부르짖음이 아니고 무엇이랴? 무섭다든 어쩌든 형용할 수가 없다. 떨린다. 맹렬히 달아나는 기차의 떨리는 투다.

'그렇다! 나는 달아난다.'

나는 생각하였다.

'죽음을 향하여 맹렬히 달아난다. 힘껏 뛰어라. 그러다가 악마를 만나거든 때려라. 악마는 푸른 빛이다. 네 붉은 빛으로 그 푸른 빛을 지워 버려라. 그러며 자줏빛 불꽃이 핀다.'

"아아. 사람 살류!"

가까운 어느 방에선가 고함친다.

"바보! 자줏빛 불꽃으로 싸워라!"

"후!"

그 사람은 또 소리를 지른다.

"담배가 있었것다 ——."

나는 벌떡 일어나서 자리옷 채로 침대에서 내려서, 밖에서 들어오는 반사 빛으로 침대 자리 한편 귀를 들치고 아까 먹다가 감주어 둔 담배를

---

* 산비(酸鼻) 코가 시큰시큰하다는 뜻으로, 몹시 비통하거나 참혹하여 코가 찡한 경우를 나타내는 말.

꺼내어 붙여 물고 안락 의자에 가서 걸터앉았다. 담배는 맛있는 것이다. 담배를 위생에 해롭다 어떻다 하는 의사들은 바보다. 담배는 정신적 위생에 이로운 그 대표적인 것이다.

나는 폐로 기껏 들이마셨던 담뱃내를, 코로 입으로 밤의 고요함을 향하여 내뿜었다. 그것에 놀란 듯 기적 소리가 한 번 날카롭게 난다. 누구인지 큰 소리로 하품을 한다. 목숨의 뿌리까지 토하는 하품이다. 즉 거기 연하여 무서운 소리가 귀를 친다.

"아, 아, 아, 아, 아유 죽겠다! 후——."

무서운 물건이 눈에 머리에 떠오른다 —— 머리 쪼개진 사람이 침대 위에 누워 있다. 얼굴은 왼편 뺨밖에는 모두 피가 져서 시커멓게 되어 있다. 머리에서 이마에 걸쳐서 붕대하고, 그 아래 시커먼 살 가운데 새빨갛게 된 눈만 반짝반짝한다. 표정 같은 것은 온전히 없고, 다만 입을 반만큼 벌리고 있을 따름이다. 이는 빠져 없어졌다. 소리를 낼 때도 입은 못 움직인다. 혀만 끓는 기름같이 뛰놀 따름이다.

우르륵 몸이 떨린다. 그 곁 침대에는 팔을 자른 사람이 붕대 속에 감추인 조그만 팔을 보이지 않을 정도로 움직이고 있다. 또 그 곁에는 배 짼 사람이 있다. 형형색색의 부르짖음이 거기서 삶과 산 사람을 저주하고 있다. 마치 무간 지옥*의 축소도이다. 아니, 확대도이다.

"죽어라!"

나는 큰 소리로 고함쳤다.

"죽겠다!"

누가 거기 대답같이 부르짖는다.

'그렇지만 죽음이란 무엇인가?'

나는 생각하였다.

---

* 무간 지옥(無間地獄) 팔열 지옥의 하나. 고통을 끊임없이 받는 지옥.

'죽음은 갈색이다. 그렇지만 그 이상으로 갈색이다. 갈색이다.'

알 수 없다. 나의 머리가 대단히 나쁘게 된 것을 마음껏 깨달았다.

'죽음은 갈색이다. 그리구⋯⋯.'

더 모르게 된다.

"아이, 죽겠구나!"

꽤 멀리서 조그만 소리가 들린다. 즉, 대단히 잔인한 일을 하여 보고 싶은 막지 못할 충동이 마음 속에 일어난다.

'죽여 줄라. 기다려라. 그 편이 너희들에게는 오히려 편하리라.'

펜나이프가 가지고 온 원고 용지 틈에 있는 것이 생각나서 나는 안락의자에서 휘들휘들 일어섰다. 아직껏 흐릿흐릿 보이던 갈색 기둥과 흰 석회벽이 시커먼, 아니 시퍼런 끝없는 넓은 대기로 변할 때에 나는 생각하였다.

'넘어진다!'

그 생각이 머리에 채 인상되기 전에 눈앞이 번쩍하면서 나는 쾅 그 자리에 넘어졌다.

조각글 3

아직까지 똑똑히 기억한다. 입원한 지 열이레째 되는 밤이다. 나는 곤충을 만지고 있는 W를 얼핏 보면서 잠이 들었다. 아마 새벽 다섯 시쯤 되었겠지. 형님 형님 부르는 나의 아우의 소리를 들었다.

집은 입원하기 전에 내가 있던 사주인집이지만, 저편 방에는 동경 있을 아우도 있고 고향에 계실 어머니도 있는 모양이다.

나는 곧,

"왜?"

하고 대답하였다.

그 뒤에는 아무 소리 없다.

한참 기다렸다.

또 ——.

"형님, 형님!"

하는 소리 ——.

"왜?"

나는 또 대답하였다. 한참 기다렸지만 또 아무 소리 없다. 나는 벌떡 일어서서 곁방 문을 탁 열었다. 거기는 어머니도 없고 아우도 없다. 뿐만 아니라, 세간이라고는 하나도 없고 텅 빈 방에 전등빛만 밝게 빛난다. 나는 꼿꼿이 섰다. 온몸에 소름이 쪽 인다.

이삼 초 동안 이렇게 서 있던 나는 자리에 누우려고 빨리 돌아섰다. 그때에 아무것도 없던 저 모퉁이에 이상한 괴물이 나타났다.

갈색의 악마다. 뺨과 입 좌우 편은 아래로 늘어지고 눈은 멀거니 정기 없고, 그러나 그 속에는 바늘을 감춘 듯한 날카로움이 있다.

'갈색이다. 갈색이다!'

나는 속으로 부르짖었다.

그런즉 그 악마는 목쉰 소리로,

"하, 하하하하!"

웃기 시작하였다.

나는 갑자기 대담하게 그에게 물었다.

"무얼 하러 왔느냐?"

"무얼 하러? 나는 여기 못 온대든?"

"못 오지, 못 와!"

"아니 그렇게 성내지는 말기로 하세. 곁방 사람 데리러 왔다가 너한테 좀 들르러 왔다."

"들러 볼 필요가 없다."

"아니 넌 언제나 우리한테 와서 내 부하가 될지, 그걸 좀 보러 왔다."

"난 안 된다. 결단코 네 부하는 안 된다."

"하하하하!"

그는 목쉰 소리로, 방 안의 모든 물건이 쪼개져 나갈 듯이 웃었다.

"그럼, 우리 상관이 될 작정으로 있니?"

"상관도 안 된다. 나는 결코 너희들 있는 데는 가지 않는다."

"며칠 동안이나?"

"며칠? 한 달, 두 달, 일 년, 오 년, 십 년, 이십 년, 오십 년, 나 죽기까지 ——."

"언제나 죽을 것 같으냐?"

"그거야 하느님이 알지."

"흥, 하느님? 그건 참말루는 내가 안단다."

"거짓말이야!"

"그거야, 지내 보면 알걸. 하하하하하! 우리 그러지 말구 서로 좋도록 잘 타협해 보세. 그래 ——."

"타협두 쓸데없어!"

"그래서, 자네가 이 다음에 우리 나라에 오면, 난 자네께 훌륭한 권세를 줄 테니……."

"넌 날 꾀니?"

"그 때는 자네께 부러울 것이 무엇이야?"

"사람은 떡으로만 살지 않는다."

"그럼, 또 무얼루 사노?"

"자기의 발랄한 힘으로, 삶으로!"

"그 발랄한 삶을 네가 '다스리는 권세' 를 잡았을 때에 쓰면 오죽 좋으냐?"

"난 네 권세 아래 깔리기가 싫다!"

"그것이다. —— 사람이란 것의 제일 약한 점은……사람은 다만 한낱 권리 다툼에 자기의 모든 장래와 목숨을 희생한다. 너두 역시 약한 물건이다."

"아니다. 사람의 제일 위대한 점이 거기 있다!"

"하하하하! 사람에게두 위대한 점이 있니? 그것은 우리 사회에선 제일 약한 자의 하는 일인데……."

"그럼 너희 악마 사회의 제일 강한 자의 하는 일은 무엇이냐?"

"알구 싶니?"

악마는 씩씩 웃고 있다.

"알기 싫다. 듣기도 싫다."

"그럼 왜 물었느냐?"

"다만 물어 본 뿐이다."

"그럼 설명 안 해두 되겠지?"

"안 해두? 내가 물어 본 뒤엔 설명하구야 견딘다."

"하하하하! 역시 듣고 싶긴 한 게로구나? 우리 사회에서 제일 강한 자가 하는 일은 '마음에 하구 싶은 것은 꼭 하구야 만다.' 는 것이다. 알았니?"

"그러기에 나두 너희한테 가기 싫기에, 꼭 안 가구야 말겠단 말이다."

"그게 사람의 지기 싫어하는 좀스러운 성격이란 말이다. 자, 마음 속엔 가구 싶지?"

"난 다 싫다. 다만 빨리 물러가기만 기다린다."

"넌 내가 있는 것이 그리 싫으냐?"

악마는 노기를 띠고 묻는다.

"그렇다!"

"싫으면 이럭할 뿐이다."

하면서, 그는 수리의 발톱 같은 손을 벌리고 내게로 다가온다.

"앗! 앗!"

나는 조그만 부르짖음을 내었다.

이 순간, 이것이 꿈이로다 하는 생각이 머리에 떠올랐다. 나는 온몸의 힘을 눈으로 모으고 눈을 힘껏 벌렸다. 꿈이다 하면서 나는 어두운 길을 자꾸 걸었다. 방향도 없다. 다만 도망하여야 될 것 같아서 자꾸 걸었다.

저편 앞에는 빛이 보인다. 그 빛을 향하여 나는 무한히 걸었다. 끝이 없다. 얼마나 걸어야 끝날는지, 당초에 알 수 없다. 몇 시간 아니 며칠을 걸었는지 모르겠다. 겨우 그 빛 있는 데 가서 거기를 보니 이 세상에도 이런 집이 있었는가 할 만한 굉대한 궁전이 있다. 나는 그 궁전 안에 들어갔다. 어디가 출입문인지 알 수 없는 집이다. 나는 한참 돌다가 허락도 없이 남의 집에 들어온 것은 그른 일이라 생각나서 돌아서서 나가려 할 때에,

"M, 왜 나가나? 들어오게?"

하고 소리가 들렸다.

나는 그 편을 보았다. 낯은 익되 누구인지 모를 사람이다.

"자넨 누군가?"

"나? 아까두 만나 보지 않았나? 자넨 정신두 없네."

나는 다시 그를 보았다.

악마다. 갈색 악마다.

나는,

"어딜 가니?"

하는 소리를 들으면서, 돌아서서 어둠을 향하여 자꾸 달아났다.

이리하여, 얼마나 뛰었는지, 저편 앞에 큰 집이 있으므로 구하여 달래러 나는 그 집으로 뛰어들어갔다. 그 집은 아까 그 궁전이다. 어디로 돌아서 나는 아까 거기로 돌아왔다. 나는 또 돌아서서 달아났다.

몇 번 이랬는지 모르겠다. 그러나 이르는 집은 모두 아까 그 집이다. 나는 어찌할 줄을 몰라서 또 달아났다. 동편 하늘은 차차 밝아 온다.

저편의 누가 콧노래를 하면서 온다.

김동인

"사람 살리우!"

하면서 나는 그에게로 뛰어갔다.

그는 늙은이다. 그러고도 나의 아우다.

"형님, 왜 이러시우!"

"사람 살려라!"

그는 내 설명을 안 듣고도 벌써 아는 듯이, 자기가 아는 권세의 무한 큰 사람이 있는데, 거기 가서 구원을 청하자고 한다.

둘이서는 그리로 뛰어갔다. 참 훌륭한 집이다. 아우는 나를 거기 서 있으라고 한 뒤에 자기 혼자 먼저 들어가서 주인을 데리고 나온다.

그 역시 갈색의 악마다.

"너는 나를 왜 이리 쫓아다니지?"

나는 악마에게 고함쳤다.

"내가 널 쫓아다녀? 네가 날 찾아오지 않았니?"

그는 말한다.

"죽여 주리라."

하면서, 나는 어느덧 차고 있던 검을 빼어 쥐었다.

"왜 그러세요?"

아우가 고함친다.

"이놈! 너도 저놈의 부하로구나?"

하면서, 나는 아우부터 먼저 치려 하였다. 어느 틈에 그는 나의 목을 쥐고 흔들기 시작한다.

"사람 살리우!"

고함치면서 나는 눈을 번쩍 떴다.

"왜 그러세요?"

간호부가 나를 흔든다.

나는 술 취한 것 같은 눈으로, 간호부의 자다 깬 혈기 좋은 얼굴을 쳐다보았다. 병이 갑자기 더 하여지기는 이 날부터이다.

조각글 4

오늘 원장에게 더 할 수 없다는 선고를 받았다. 오후 두 시쯤이다. 견디지 못할 구역을 땀구멍마다 깨달으면서 잘 때에 슬리퍼를 끌면서 오는 몇 사람의 발 소리가 들렸다. 구둣발 소리(원장의 젓)도 들렸다.

가분가분 가만히 나는 것은 어젯밤에 고향에서 올라온 나의 어머니다. 대진의 발소리도 났다. 마지막에 독일 학자같이 뚜거덕뚜거덕 하면서도 즐즐 끄는 소리는 코 위에 안경을 붙이고, 그 안경이 내려질 것을 두려워하는 듯이 머리를 잔뜩 젖히고 한 손은 진찰부에 놓고 한 손은 저으면서 오는, 양인*인 원장의 발소리다. 나는 그 발소리를 들을 때마다 눈살이 찌푸려지는 것을 깨닫는다. 발소리뿐으로도. 거만하게 울린다.

나는 움직이기가 싫으므로 그냥 눈을 감고 코를 골며 있었다.

석탄산과 알코올 냄새가 물컥 나며, 선뜻한* 손이 내 손을 잡는다. 나는 그냥 코를 골며 있었다. 귀 밑에서 재각재각하는 시계 소리가 들린다.

좀 있다가 내 손을 놓는 그는, 자리옷 자락을 들치고 배를 만져 본다. 싫고도 우습고도 상쾌한 맛이 난다.

그 뒤에 체온을 보고 나서 그는 혀를 찬다.

"무슨 일이냐, 무슨 일이냐?"

나는 눈을 감은 채로 머리로 원장을 보았다. 낮을 찡그린 모양이다. 눈살을 찌푸린 모양이다. 수염을 꼬는 모양이다.

"무슨 일이야?"

나는 생각하였다. 세 사람의 발소리는 도로 문으로 나가다가 문 앞에 선 모양이다. 그 뒤에 한참 들리지 않는 작은 소리가 사귀어졌다. 나는 모

* 양인(洋人) 서양인의 줄임말.
* 선뜻하다 기분이나 느낌이 깨끗하고 시원하다.

든 신경을 귀로 모으고 들으려 하였지만 들리지 않았다.

"그 애가, 그 애가, 그 튼튼하던 애가, M의……."

좀 있다가 어머니의 날카로운 소리가 들린다.

"가만가만히! 병인이 들었다는 안 되겠소."

양인의 말소리가 어머니의 말에 의하여 난다.

"하하하!"

나는 생각하였다. 놀라지도 않았다. 덤비지도 않았다.

'원장의 속삭임은 그것이겠지! 어머니의 놀람도 그것이겠지!'

즉, 차차 차차 심장의 뚜거덕뚜거덕 하는 소리가 커 간다. 차차 차차 놀라기 시작하였다.

"내 병은 나을 수 없느냐?"

원장의 아니꼬운 슬리퍼 소리만 저 편으로 간다.

"그 애가……."

어머니의 소리가 날 때에, 나의 소학교 때의 벗인 대진 R는, 그 말을 못 하게 하려 소곤거린다.

"어머님, 걱정 마세요. 하늘이 무너져두 솟아날 구멍이 있다지요? 아무런들……."

그들은 내 침대로 가까이 온다. 나는 눈을 번쩍 떴다. 그들은 놀라운 모양이다.

"어떤가? 좀 낫지?"

이렇게 대진 R는 묻는다.

"다 나아서 퇴원까지 하게 됐네."

나는 천장을 바라보면서 대답하였다. 이러지 않기를 원하였지만 목소리는 조금 떨린다.

"이제 며칠 있으면 다 낫지!"

"흥! 며칠?"

나는 아무 표정 없이 그의 말을 부인하였다. 어머니는 아무 말 없이 서 있을 뿐이다. R는 잠깐 놀란다.

"R, 정말 가르쳐 주게. 난 죽지? 살 수 없지?"

왁하니 우는 어머니의 소리 곁에서, R의 부인하는 소리가 들린다.

"설마 자네 같은 튼튼한 사람이 죽으면 이 세상에 살 사람이 있겠나?"

나는 천장을 계산하기 시작하였다. 동서로 좀 장방형으로 된 천장을 정사각형으로 고치려면 동서에서 몇 치를 떼어서 붙여야 할지, 나는 인젠 잘 아는 바이다. 그것을 한참 계산하다가 나는 또 물었다.

"그래두, 아까 원장이 그러더만, 죽으리라구……."

대답이 없다. 어머니의 울음은 느낌으로 변하였다.

한참 있다가 R는 말한다.

"다 들었나?"

"것두 못 들으면 귀머거리지."

나는 공연히 성이 나서 R에게 분풀이를 하였다.

"아아! M, 걱정 말게. 하늘이 무너져두 솟아날 구멍은 있으니, 사람의 목숨이 그리 싼 줄 아나?"

이렇게 좀 있다가 R는 말했다.

"사람의 목숨이 그리 비싼 줄 아나?"

그는 대답이 없다. 나는 두 번째 그에게 같은 말을 물었다.

"R, R! 정말루 말해 주게. 사람 살리는 줄 알구 정말루 말해 주게. 죽겠으면 죽을 준비두 상당히 해야겠기에 말이네."

"난 모르겠네. 내 생각 같아서는 걱정 없는데, 원장은 할 수 없다니 모르겠네."

그는 이렇게 말하고, 어떻든 그리 마음 쓰지 말고 있으라고 한 뒤에 어머니와 함께 나갔다.

나는 천장을 바라보았다. 거리에는 전차, 인력거, 자동차 들의 지나가는 소리, 지껄이는 사람의 소란으로 삶을 즐기는 것은 보지 않아도 알 수 있다. 그런데 벽 하나 사이하고 있는 여기는,

"음, 음, 우, 우!"

삶을 부러워하다 못하여 저주하는 소리로 변한 소리가 찼으니 얼마나 아이러니한 일이냐? 자동차의 지나가는 소리와 함께 방이 좀 흔들린다.

저 자동차 안에도 사람이 탔겠지? 나보다 삶을 즐길 줄 모르는 자, 나보다 삶에 대한 집착이 적은 자, 혹은 옆에 계집이라도 끼고 가는지도 모르겠다. 음, 골난다. 그보다 더 살 필요가 있고, 그보다 더 살 줄 아는 나는, 이 내 모양은……무슨 모순된 일이냐? 생각할 필요도 없다. 나는 죽는다. 이삼 일 뒤에. 혹은 오늘이라도——. 나는 벌떡 일어나서 머리맡에 있던 잉크병을 쥐어서 거리로 향한 문을 향해 내던졌다. 병은 문에 맞고 깨져서 푸른 물을 사면으로 뿌리면서 떨어진다.

"하하하하!"

나는 웃다가 놀라서 몸을 꼭 모았다. 사흘 전 꿈에 들은 그 악마의 웃음소리 —— 목 쉬고도 모든 물건이 쪼개져 나갈 듯한— 를 내 웃음 속에서 발견하였다. 나는 도로 누웠다. 그리고 오히려 천연히 천장을 바라보았다. '죽음'이란 이상한 범벅된 물건은 아무리 하여도 머릿속에 들어앉지 않는다. 이상하다.

'내가 죽는다?'

나는 퀘스천 마크*를 붙여서 생각하여 보았다. 아무리 하여도 이상하다. 그것은 마치 기름에 물 한 방울 들어간 것 같다. 아니, 물에 기름 한 방울 들어간 것 같다.

'나는 죽는다?'

나는 다시 생각하였다. 즉 차차 차차 무거운 '죽음'이라는 것이 머리에

---

* 퀘스천 마크(question mark) 물음표.

들어앉는다.

'나는 죽는다. 왜? 나는 살고 싶은데 왜 죽어? 누가 나를 죽여? 살겠다는 나를 누가 죽여? 모든 사람은 죽어라. 그러나 ── 나는 그냥 살고 싶다. 나의 발랄한 생기, 힘, 정력, 이것들을 마음껏 이 세상에 뿌려 보기 전에 내가 왜 죽어? 나의 활동은 아직 앞에 있다. 그것을 버리고 내가 왜 죽어? 나는 결단코 안 죽으리라. 원장의 말이 대체 무에냐? 그러나 ── 아아! 나는 죽는가? 나의 이 끝없는 정력을 써 보기도 전에, 나의 이 뛰노는 피를 뿌려 보기도 전에, 나의 이 떠오르는 생기를 헤쳐 보기도 전에 ──.'

즉, 갑자기 슬픈 것 같은, 노여운 것 같은 이상한 감정이 나의 어지러운 머리를 긁어 쥔다.

"죽는다!"

나는 고함쳤다. 그 뒤에 맥없이 눈을 감았다.

조각글 5

담배가 먹고 싶다. 견디지 못하도록 먹고 싶다. 문으로 내다보이는 저편 앞에 굴뚝을 보면 그것이라도 먹고 싶다. 담배는 부스러기도 없다. 성냥도 있을 까닭이 없다. 누구든 담배 한 개비 주는 사람은 없느냐?

아아! 마침내 담배도 먹어 보지 못하고 죽어 버리는가?

조각글 6

수술하였다. 배를 짼 뒤에 무엇이라나를 꺼내고, 무슨 쇠를 안으로 대고 얽어매었다 한다. 수술하기는 오전 열 시쯤이다. 나는 수술실로 가서 수술상 위에 백정*에게 끌려 가는 양의 마음으로 올라 누웠다. 원장은 내

---

*백정(白丁) 옛날에 소나 돼지를 잡는 일을 하던 사람.

목숨을 더 보증치 못하겠다 하되 나의 벗 대진 R가, 아무래도 죽을 테면 마지막 수단을 써 보자고 배를 수술하게 된 것이다.

R는 수술옷을 갈아 입은 뒤에 메스, 가위, 집게, 이상하게 생긴 갈고리들을 소독한다. 마음은 아무래도 내 몸 속에 들어가 있지 않는다. 어떤 때는 소독을 하고 있는 R도 보고, 또 어떤 때는 내 몸에서 두세 자 떠서 나를 내려다보기도 한다. 이리 한참 나를 내려다보던 나의 마음은 또 R에게 향하였다. R는 내게 등을 향하고 간호부와 그냥 기구를 만지고 있다.

'무엇을 저리 오래 하나? 아니, 더 오래 해라. 할 수만 있으면 내년까지라도 하여라.'

내 마음은 참다못하여 떠나서 R의 맞은편에 갔다. R는 메스를 소독하고 있다. 잘 들게 생겼다. 저것이 내 배를 쭉쭉 쨀 것인가, 생각하매 무서워진다. 그것으로 견주면 이 세상 모든 물건이 겨냥만 하여도 썩썩 잘라질 것같이 잘 들게 생겼다.

마음이 내려앉지를 않는다.

'몇 시간이나 걸리는가?'

R의 맞은편에 있던 나의 마음은 이런 생각을 하면서 돌아왔다. 그러나 내 몸 속에는 역시 안 들어가고 이상하게 떨고 있다.

나는 일어날까 생각하였다. 마음이 수술대에 붙어 있지 않는다.

한 삼십 분이나 걸린 뒤에 조수 몇 사람이 들어오며 R와 간호부는 내게로 온다. 마음은 화닥닥 내 몸 속에 뛰어들어와서 숨었다. 나는 힘껏 눈을 감았다. 달각달각 하는 소리가 들리다가 무엇이 입과 코를 딱 막는다.

'괴롭다!'

생각할 동안, 에테르*의 향기로운 냄새가 코를 찌른다.

마음은 차차 평화스럽게 몸에서 떠올라 간다. 머릿속에는 서늘한 바람이 불면서 차차 차차 재미스러워 온다. 그 뒤는 모르겠다. 잠들 때에 눈에 얼핏 보인 것은 의사도 아니요, 죽음도 아니요, 또는 삶도 아니요, 무럭무럭 사람의 코 같은 데서 나오는 담뱃내였다.

나는 어두운 길을 무한히 걸었다.

'나는 시방 어디로 가는고?'

—— 나는 생각하였다.

'응, 악마한테 간댔것다?'

똑똑히 생각나는, 악마한테 가는 길을 더듬어서 나는 어둡고도 밝은 길을 걸었다. 나는 어느덧 그의 굉대한 집에 이르러서 훌륭한 그의 응접실에 그와 마주앉았다. 그는 오늘은 사람의 모양 —— 젊은이의 —— 을 하고 빛나는 옷을 입고, 허리띠에는 큰 불붙는 돌을 차고 있다.

"왔나?"

"왔네."

** 에테르 에틸에티르(ethyl ether).

"무얼 하러 왔나?"

"좀 부탁할 게 있어서 왔네."

"무얼?"

"그런데 자네. 전에 잘 타협*해 보자구 안 그랬나? 거기……."

"하하하하? 사람이란 뜻밖에 정직한 물건이야. 거짓말이야. 그건……다."

성도 안 난다. 나는 다시 물었다.

"거짓말이야?"

"그럼! 거짓말하면 나쁜가?"

"나쁘잖구!"

"그건, 인간 사회에서나 하는 말이라네."

"그럼, 자네네 사회에선 뭐라고 하나?"

물어 보기가 부끄럽지 않다.

"우리? 우리 사회에선 속이는 자는 영리하고, 속는 자는 어리석다지."

"악마 사회는 다르다."

나는 웃는다.

"그럼 난, 가겠네."

"왜? 자넨 나한테 물어 볼 일이 있지 않나?"

그 말을 들으니 물어 볼 일이 있는 듯하다.

"응, 있네. 가만, 무에던가……."

"생각해 보게."

한참 생각하였다. 그리고 물었다.

"나 죽은 뒤에 뭣이 되겠나?"

"되긴 무엇이 돼? 다만 내세에 갈 뿐이다."

---

* 타협(妥協) 두 편이 서로 좋도록 조정하여 협의함.

"내세…… 천국? 지옥?"

"하하하하하……. 아무렇게 해석해두 좋으네. 그저 전세*와 같은 내세가 있는 줄만 알면……."

"전세?"

그럴 듯하다.

"그럼? 전세 —— 뱃속 살림 몇 달, 또 그 전세, 정액 생활 며칠 , 또 그 전세두 있구……."

그럴 듯하다.

"이제 영이란 것이 몸집을 벗어 버리구 내세루 갈 것은 정한 일이 아닌가? 그 뒤엔 또 내세루 가구 ——."

"그럼 자넨 무언가? 천국두 없구 지옥두 없으면, 자네가 있을 필요는 무언가?"

"나? 우리 악마라는 것을 그렇게 해석하면 우린 울겠네. 우리는 즉 사람의 정이구 사람의 본능이지."

그럴 듯하다. 즉, 무엇이 기쁜지 차차 차차 기뻐 온다. 나는 일어서서 춤을 추기 시작하였다. 발이 땅에 붙지 않는다.

한참 재미있게 출 때에 누가 내 밸을 잡아당긴다.

"누구냐?"

"자네 아닌가?"

악마가 대답하였다.

"내다, 네 밸을 잡아당긴 자는, 술이나 먹구, 춤추게."

나는 그에게 술을 실컷 얻어먹은 뒤에 어두운 길로 나섰다.

나는 어느 전장에 갔다. 무변 광야*다. 대포 소리는 나지만 어디서 나는지는 모르겠다. 나 있는 데는 대단히 밝되 저편은 밤과 같다. 총알이 하

---

* 전세(前世) 현세에 태어나기 이전에 살던 세상.
* 무변 광야(無邊曠野) 끝없이 넓은 들판.

나 내 배에 맞았다. 나는 거꾸러졌다. 총 맞은 데가 가렵다.

누가 와서 밸을 잡아당긴다. 나는 벌떡 일어서서 도로 어두운 데로 향하였다. 비슷비슷한 꿈을 수십 개 꾼 뒤에 깨었다. 나는 어느덧 내 침대 위에 있고 밤이 되었다.

조각글 7

입원한 지 두 달, 수술한 지 한 달 만에 겨우 퇴원하게 되었다. 조선 유수의 의학자라는 사람에게 죽음의 선고를 받았던 나는, 그래도 다시 살아서 퇴원하게 되었다. 사 년 만에 너울너울한 조선 옷을 입고, 나는 평안히 안락 의자에 걸터앉았다.

나는 살아났다.

거짓말 같다.

나는 퇴원한다.

더욱 거짓말 같다.

내 죽은 혼이 그래도 아직 인간 사회에 마음이 남아서 헤맨다.

이것이 겨우 정말 같다.

전차가 지나간다.

저것도 다시 탈 수 있다.

사람들이 다닌다.

나도 저 사람과 같이 되었다.

아아, 이것이 참말인가?

담배를 먹을 수 있다.

여기 이르러서는 다만 공축*할 밖에는 도리가 없다.

"차차 시간 되었네."

---

* 공축(恭祝) 삼가 축하함.

"자, 이젠 가자!"

R의 소리와 어머니의 소리가 함께 내 귀를 친다.

"다시 살아서 여행을 떠난다. 거짓말이다. 거짓말이다."

하면서 나는 그들을 따랐다.

그러나 R와 S의 작별을 받고, 어머니와 함께 큰 거리에 나서서, 저편에 와글거리는 사람 떼를 볼 때에 조금씩 머리에 기쁨이 떠오른다.

나는 만날 죽음과 삶 사이에 떠돌며 무서운 소리로 부르짖는 저 무리들에게도 하루바삐 나와 같은 기쁜 경우가 이르기를 바라면서 너울너울, 어머니와 함께 사람들 틈을 꿰면서 담배를 붙여 물었다.

나는 일기를 끝내고 M을 보았다. M은 내 책상 위에서 어떤 잡지를 들고 보고 있다.

무슨 일이냐? 사람의 목숨을 이와 같이 보증할 수가 없느냐? 내가 만날 다루는 곤충도 빛깔로 살로 그들의 목숨을 보증하며, 짐승들도 그들의 체질로 목숨을 보증할 수가 있는데, 만물의 영이라는 사람의 목숨이 이렇게까지 철저히 자기로서는 보증할 수가 없고 위험키 짝없는 의사의 일거수 일투족*에 달렸다고야, 이것이 무슨 일이야? M으로서 만약 대진 R라는 벗이 없었던들, 오늘날 저와 같이 생기로 찬 몸을 얻어 가지고 다시 나타났을 수가 있을까?

나는 M을 찾았다.

"M!"

"다 보았나?"

"사람의 목숨이 이렇게까지 보증할 수 없는 물건이란 말인가?"

"이 세상에 의사의 오진으로 몇천만 사람이 아까운 목숨을 버렸을지

---

* 일거수 일투족(一擧手一投足) 사소한 하나하나의 동작이나 행동을 이름.

생각하면 무섭네."

"자넨 다행이네. 살아나서……."

"그렇지! 네겐 R라는 좋은 벗이 있었기에……."

"살아났지, 그렇지 않으면 죽었을 것을……."

나는 그의 말을 이었다.

"그래!"

나는 좀 높은 지대에 있는 우리 집에서 내려다보이는 장안을 둘러보았다. 거기 먼지가 보얀 것은, 억조 창생이 삶을 즐기는 것을 나타낸다. 아아! 그러나 그들의 목숨을 누가 보증할까? 의사의 조그만 오진*으로 그들은 금년으로라도 이 달로라도 죽을지를 모를 것을 —— 나는 다시 M을 보았다.

'건강', 그것의 상징이라는 듯한 그의 둥그런 얼굴은 빛나는 눈으로써 나를 보고 있다.

---

* 오진(誤診) 진단을 잘못함. 그릇된 진단.

배 회

'노동은 신성하다.'

이러한 표어 아래 A가 P고무 공장의 직공이 된 지도 두 달이 지났다.

자기의 동창생들이 모두, 혹은 상급 학교로 가고, 혹은 회사나 상점의 월급쟁이가 되며, 어떤 이는 제 힘으로 제 사업을 경영할 동안, A는 상급 학교에도 못 가고 직업도 구하지 못하여 헤매다가 뚝 떨어지면서 고무 공장의 직공으로 되었다.

'노동은 신성하다.'

'제 이마에서 흐르는 땀으로써 제 입을 쳐라.'

'너의 후손으로 하여금 게으름과 굴욕적 유산에 눈이 어두워지지 않게 하라.'

이러한 모든 노동을 찬미하는 표어를 그대로 신봉한 바는 아니지만, 오랫동안 헤매다가 마침내 직공이라는 그룹에서 그가 자기 자신을 발견하게 되었을 때는, 일종의 승리자와 같은 기쁨을 그의 마음 속에 깨달았다. 그것은 사회에 이겼다기보다도 —— 전통성에 이겼다기보다도 ——

한번 꺾여지면서 일종의 반항심이라는 것보다도, —— 자기도 인제는 제 힘으로 살아가는 한 개 사람이 되었다는 우월감에서 나온 기쁨이었다.

"우으로 —— 우으로."

생고무를 베어서 휘발유를 바르며, 혹은 틀에 끼워서 붙이며, 인제는 솜씨 익은 태도로 끊임없이 움직이며, 그는 때때로 소리까지 내어 이렇게 혼자 중얼거렸다.

그러나 이 공장에 들어와서 한 주일이 지나고 열흘이 지나고 한 달이 지나는 동안, 그는 여기서도 움직이는 온갖 게으름과 시기와 허욕을 보았다. 힘을 같이하여 자기네의 길을 개척해 나가야 할 이 무리의 새에도 온갖 시기와 불순한 감정의 흐름을 보았다. 남직공들이 지은 신은 비교적 공평되이 검사되었지만, 여직공이 지은 신은 그의 얼굴이 곱고 미움으로, '합격품'과 '불량품'의 수효가 훨씬 달랐다. 생고무판의 배급에도 불공평이 많았다. 서로 남의 신을 깎아 먹으려고 틈을 엿보았다. 자기가 일을 빨리 하려기보다 남을 더디게 하려기에 더 노력하였다. 혹은 남의 지어 놓은 신을 못 보는 틈에 얼른 손톱으로 자리를 내놓는 일까지 흔히 있었다. 점심 시간에는 서로 입에 담지 못할 음담으로 시간을 보냈다.

이런 모든 엄벙벙의 거친 감정과 살림 아래서, A는 오로지 자기의 길을 개척하려고 힘썼다. 사람으로서의 감정과 사랑과 양심을 잃지 않으려 —— 그리고 밖으로는 늙은 어머니와 사랑하는 처자의 입을 굶기지 않으려 —— 휘발유 브러시와 롤러는 연하여 고무판 위에 문질러지며 굴렀다.

"우으로 —— 우으로!"

그것은 A가 이 공장에 들어온 지 두 달이 지난 어떤 봄날이었다. 일을 끝내고 한 달에 두 번씩 내주는 공전을 받은 뒤에 A가 막 집으로 돌아가려고 도시락 통을 꽁무니에 찰 때였다.

"여보게 A, 놀러 가세."

A와 같은 상에서 일하는 B가 찾았다. C, D 두 사람도 문 밖에서 기다리고 있었다.

"나? 나도 놀러 가잔 말인가?"

"같이 가기에 찾지."

"그럼, 내 집에 잠깐 들러서 ——."

"이 사람, 걱정 심할세. 잠깐만 다녀가게. 이 사람 그렇게 비싸게 굴면 못써."

"그래라."

그는 다시 무슨 말을 못 하고 따라갔다. 그들은 그 공장에서 그다지 멀지 않은 어떤 집까지 이르러서 주인을 찾지도 않고 줄레줄레 신발을 문 안에 들여 벗은 뒤에 들어갔다. A는 의외의 얼굴을 하였다. 그 집 안주인은 공장 근처에 있는 서른 댓쯤 난 여인이었다.

B는 그 여인에게 엄지손가락을 쳐들어 보였다.

"어디 갔소?"

"내보냈지. 놀다 오라구 오십 전 줘서……."

"잘 됐어. 넷만 데려다 주."

"넷? 넷이 있을까? 하여간 잠깐 기다려요. 가 보구 올께."

여인은 일어나서 옷을 갈아 입고 밖으로 나갔다.

"A도 앉게나. 왜 뻣뻣이 서 있어?"

"B, 난 먼저 가겠네."

"또 나온다. 앉게."

"참 가 봐야겠어."

"몹시는 비싸다. 사람이 비싸면 못써."

"비싼 게 아니라——."

A는 하릴없이 주저앉았다.

잠깐 다녀오마고 나간 주인 여인은 한 시간이나 넘어 지난 뒤에야 겨우 돌아왔다.

"자, 한턱 내야지."

그 여인의 이런 소리와 함께 뒤로는 다른 젊은 여인 넷이 들어왔다.

"저 얼간이와 또 맞선담. 좌우간 이리 와."

B는 선등 서서 들어오는 어떤 뚱뚱한 젊은 여인을 손짓하며 웃었다.

"저 싱검둥이와 또 놀아? 에라, 놀아 줘라."

얼간이란 그 여인도 대꾸를 하면서 B의 곁으로 내려와 앉았다. C도 하나 맡았다. D도 하나 맡았다. 그리고 A의 몫으로 남은 것은 같은 P고무 공장의 여직공으로 다니는 십팔구 세 난 도순이라는 뚱뚱한 계집애였다. 그러나 공장에서 일할 때와 달리, 비단옷을 입고 얼굴에는 분도 약간 발랐다.

이것을 한 번 둘러본 뒤에 A는 불쾌함을 참지 못하여 몸을 일으켰다.

"B, 난 먼저 가겠네."

"에이, 못난 자식, 가고 싶으면 가. …… 여보게 우리 좋은 친구끼리 놀러 왔다가 혼자 먼저 간다면 우리가 재미있겠나. 한 시간만 있다가 같이 가세."

A는 일으켰던 몸을 다시 하릴없이 주저앉았다.

남녀 여덟 명은 둘러앉았다. 술상도 들어왔다. 잡수세요, 먹어라, 먹자, 먹는다, 술은 돌기 비롯하였다.

"샌님 먹게."

술잔은 연하여 A에게 왔다. A는 한 잔도 사양치 못하고 다 받아 먹었다. 그러나 첫 잔부터 불쾌한 기분 아래서 받은 술은 그 수가 많아 감과 함께 불쾌함도 따라 늘어 갔다. 술을 먹을 줄 모르는 A는 차차 자기가 취해 들어가는 것을 똑똑히 의식하면서 주는 대로 받아 마셨다. 사양하려면 B가 막았다. 술잔을 받아 놓고 조금이라도 지체하면 여인들이 채근하였다.

"하하하! 맛있지?"

A가 술을 삼킬 때마다 낯을 찡그리는 것을 보고 B가 재미있는 듯이 손뼉을 치고 하였다. 여인들도 깔깔 웃어 댄다.

되는 대로 되어라. 몇 잔 안 되어서 벌써 얼근히 취한 A는 마음의 불쾌와 몸의 불쾌의 가속도로 늘어 가는 것을 마치 남의 일과 같이 재미있게 관찰하면서, 오는 술잔은 오는 대로 다 받아 먹었다. 다섯 잔이 열 잔이 되고 열 잔이 스무 잔이 됨에 따라 그의 눈살은 더욱 찌푸려졌다.

── 이게 무슨 일이냐. 무슨 거친 생활이냐? 너희에게는 너희의 봉급을 기다리는 어버이나 처자가 없느냐? 술? 환락? 술보다도 환락보다도 먼저 너희의 사람으로서의 인격을 완성시키는 것이 너희의 할 일이 아니냐? 우으로! 우으로! 술에 취한 몽롱한 눈으로 어두운 등잔 아래서 뭉기며 헤적이는 몇 개의 몸집을 바라보던 그는 뜻하지 않고 숨을 길게 쉬었다.

"망측해, 우시네."

곁에 앉아서 술을 따르고 있던 도순이가 A의 얼굴을 쳐다보았다.

"뭐? A가 울어?"

B가 이편으로 머리를 홱 돌렸다. A는 얼굴을 돌렸다. 눈물이 나온 바는 아니었지만 취한 그들에게 얼굴을 보이기가 싫었다.

"A, 우나? 도련님, 샌님. 하하하! 또 한 잔 들게. ── 도라지, 도라지, 도라지 ── 까, 은율 금산포 도라지 ── 까(콧노래를 부르며) 하하하. 뚱뚱보, 그렇지? A, 또 한 잔 먹어라."

"B, 난 정 먼저 가겠네."

"가? 가갸거겨는 언역지 초요, 이마털 뽑기는 난봉지 초로다. ── 이 자식, 글쎄 가기는 어딜 간단 말이냐? 푸른 술 있겠다. 미희 있겠다 ── 야, 너무 비싸게 굴지 말어라. 천 냥짜리다, 만 냥짜리다. 십만 냥 쥐라, 자 또 한 잔."

A는 또 받아 마셨다.

"하하하, 십만 냥이라는 바람에 또 먹었구나. 먹은 담에는 열 냥짜리다. 그러나 A, 내 말 듣게. 나도 —— 나도 ——."

B는 지금껏 뚱뚱보에게 걸고 있던 왼팔을 풀어서 양 팔꿈치으로 술상을 짚었다. 그리고 얼굴을 A의 앞으로 가까이 하였다.

"A, 자네, 정 우나? 울지 말게."

울지도 않은 A에게 울지 말라고 권고하는 B는 자기 눈에 갑자기 고인 눈물은 의식지 못하는 모양이었다.

"울 게 아니라네. 세상사가 다 그렇다네. 나도 상당한 학부를 졸업한 사람일세. 처음에는 자네와 같은 생각을 품고 있었지. 세상을 좀더 엄숙하게 보자고……그러나 틀렸어. 세상에 어디 엄숙이 있나? 예수? 석가여래? 모두 다 샌님이야. 이 뚱뚱보 얼간이보담도 ——."

B는 한 번 탁 계집을 붙안았다가 놓았다.

"듣기 싫어. 싱검둥이."

"꼴에 비싸게 구네. A! 자네 밥만 먹고 살겠나? 반찬도 있어야 하고 물도 있어야 하고 돈도 있어야지. 돈 있는 놈의 반찬은 명월관, 식도원에 있고 우리 반찬은 이 뚱뚱보, 말라꽁일세그려. 자네네 그 올빼미 —— 도순이 말일세. 오죽이나 얌전한가? 우리 얼간이하구 바꾸어 볼까? 하하하, 또 한 잔 먹게. 탄력 있는 몸집 그래 어때?"

B는 술을 따라서 A에게는 주지 않고 자기가 마셨다. 하하하하, 쾌활히 웃는 그의 오른편 눈은 그 웃음에 적당하게 쾌활한 빛이 있었지만, 커다랗게 뜬 왼편 눈에서는 눈물이 뺨으로 흘러내렸다.

"A, C, D, 그리구 이 요물들아, 내 말을 들어라. 오늘이 우리 아버지 생신이다. 저녁에 고등어 사 가지고 가마 했다. 그렇지만 고등어가 다 뭐야! 술이다, 술이야. 어따 A, 너 또 한 잔 먹어라."

"B, 그럼 자네도 집에 가야겠네그려?"

"나? 내일 저녁에 가지. 남의 걱정까지는 말고 술이나 먹어라. 그렇지만 A, 이까짓 자식들 ——."

B는 손을 들어서 C와 D를 가리켰다.

"자식들과는 이야기할 게 없지만, 때때로 생각하지 않는 바가 아니야. 상당한 학부까지 마쳤다는 자식이 그래 십여 년을 배운 것을 써먹지도 못하고 고무신을 붙여서 한 켤레에 오 전씩 받는 것, 이것을 가지고 —— 이걸 술도 안 먹고야 어쩌겠나. A, 울지 말게. 울지 말어."

B는 손수건을 내어 제 눈물을 씻었다.

좀 뒤에 도순이의 집까지 몰아넣으려는 것을 몸을 빼쳐서 피한 A는 취한 술을 깨우기 위하여 공원에 갔다.

고요한 밤의 공원이었다. 전등불에 비쳐서 A는 그 나무들의 늘어진 가지에서 장차 터지려는 탄력을 보았다. 겨울의 혹독한 바람 아래서도 자포를 일으키지 않고 오랫동안 기다린 그 가지들의, 겨우내 간직하였던 힘과 생활력을 한꺼번에 써보려는 그 자랑을 보았다.

"우으로 —— 우으로, 좀더 사람답게."

이 나뭇가지의 용기와, 아까의 B의 자포적 기분의 두 가지를 마음 속에 그려 놓고 비교할 때에는 어느 편을 도울지 헤아리지 못하였다. B의 말에는 그럴 듯한 근거가 있었다. 아무 바람과 광명을 발견할 수 없는 이 환경 아래서 혼자서 우으로 광명으로 손을 저으며 헤매면 그것이 무슨 쓸데가 있으랴. 필경에는 실망에 실망을 거듭한 뒤에는 또다시 침락의 생활에 빠져 들어가지 않을 수가 없지 않으랴? 그러면 도대체 장래의 실망이라는 것을 맛보지 않게 지금부터 침락의 생활을 시작하는 것이 도리어 옳지 않을까? 우으로? 우으로? 무엇이 우으로냐?

"술이다, 술이야."

아까 B가 부르짖던 부르짖음은 A 자기의 '우으로 우으로' 라고 부르짖는 그 부르짖음보다도 더 침통하고 진실한 부르짖음이 아닐까? 더 범인적인 부르짖음이 아닐까? A는 연하여 피께*를 하며, 취하여 쓰러지려는 몸을 다시 일으키고 일으키고 하였다.

이튿날 종일을 A는 불쾌하게 지냈다. 먹을 줄을 모르는 술을 과음하였기 때문에 얼굴은 뚱뚱 부었다. 가슴이 별하게 쓰렸다. 그는 공장에서도 일하던 손을 뜻하지 않고 멈추고는 눈을 껌벅껌벅하였다.

"어때, 샌님?"

B가 찾는 것도 들은 체도 안 했다. 몇 번을 저절로 눈이 도순이 있는 편으로 쏠리다가는 혼자서 혀를 차고 하였다. 주위의 인생이란 인생, 여인이란 여인이 모두 더럽게만 보였다.

"그러고도 사람이냐? 더러워! 우으로! 우으로!"

---

* 피께 '딸국질' 의 사투리.

그는 몇 번을 혀를 차고 주먹을 부르쥐고 하였다.

일을 끝내고 집에 돌아가렬 무렵에 B가 문 밖에서 기다리고 있다가,

"또 가 볼까?"

하였지만 A는 대답도 없이 지나가 버렸다.

"하하하하!"

뒤에서 B의 웃음소리가 들렸다.

"우으로 —— 우으로."

A는 머리를 숙이고 걸음마다 힘을 주면서 집으로 향하였다.

어떤 날 점심때, 점심를 끝낸 장화공들은 넓은 방에 앉아 잡담들을 하고 있었다. 그 때 어느 여공이 이런 말을 꺼냈다.

"이즈음 불량품이 많이 나."

"당신 면상이 멍텅구리거든."

어느 남직공이 놀렸다.

"아니야, 나도 많이 나는데."

이번은 얼굴 좀 빤빤한 계집애가 이렇게 말하였다.

"그럼 당신은 얼마나 이쁘우?"

아까의 남직공은 또 놀렸다.

"아이구, 당신은 입이 왜 그리 질우?"

"질지 않아 물이면 어때?"

한참 이렇게 주고받을 때에, B가 쑥 나섰다.

"그런 것들이 아냐, 내게서도 이즈음 불량품이 많이 나는데 아마 배합이 나빠."

사실 이즈음은 불량품이 많이 났다. 그것은 얼굴 미운 여공에게서만 많이 나는 것이 아니요, 남직공이며 얼굴 예쁜 여공에게서도 검사에 불합격되는 신이 많이 났다. 불량품 한 켤레를 낼 때마다 그 직공은 '불량품을

낸 벌' 로서 한 켤레와 '불량품이 된 원료에 대한 보상' 으로서 한 켤레 —
이렇게 두 켤레를 공전을 안 받고 만드는 것이 고무 공장의 내규였다. 그
런지라, 한 켤레의 불량품을 내면 그 직공은 공전 못 받는 세 켤레(불량품
까지)를 만드는 셈이었다. 잘해야 하루에 십칠팔 켤레 이상은 못 붙이는
그들이 어떻게 해서 하루에 세 켤레만 불량품을 내놓으면 그 날은 공전받
는 일은 칠팔 켤레밖에는 못한 셈이 되는 것으로, 사실 불량품이 많이 난
다 하는 것은 직공들에 대하여는 큰 문제였다.

"배합이 나빠."

B의 말을 따라서 제각기 일어섰다.

"난 어제 네 켤레를 퇴맞았는데."

"난 그저께 여섯 켤레."

한 시간 전까지는 불량품 낸 것을 수치로 생각하고 그 수효를 줄이거
나 감추려던 그들은, 그것의 책임이 자기네에게 있지 않은 것을 아는 동
시에 각각 그 수효의 많음을 자랑하였다. 세 켤레다, 네 켤레다, 제각기
들고 일어섰다.

"여러분들, 이럴 것이 아니라, —— 이렇게 지껄이기나 하면 뭘 하오.
그러니까 우리는 어떻게든 그 대책을 연구합시다."

"대책이라야 배합사를 두들겨 주는밖에 수가 있나?"

누가 이런 말을 하였다.

"두들겨라."

"때려라."

몇 사람이 응하였다. 하하하, 웃는 사람도 있었다.

"담뱃불 좀 주게."

딴소리 하는 사람도 있었다.

"좀 조용들 해요. 우리 문제를 좀 구체적으로 생각해 봅시다그려."

그들은 머리를 모으고 의논하였다. 제각기 의견을 제출하였다. 그러던

끝에 마침내 B의 의견을 좇아서 지배인에게 배합사를 주의시켜 달라기로 작정되었다. 그리고 그 대표자로는 A가 뽑혔다.

A는 그 직책을 달갑게 받았다.

모든 장화공들의 성원 아래 그들을 문 밖에 남겨 두고 A는 지배인의 앞에 갔다. 지배인은 무슨 일이 났는가 하고 눈이 둥그렇게 되며 장부를 집어치웠다.

"무슨 일이어?"

"저 다름이 아니라——"

A는 분명하고 똑똑하게 이즈음 유화할 때에 불량품이 많이 발견되며, 이 때문에 장화공들이 받는 손해가 막심하니 배합사를 불러서 좀 주의하도록 명하여 달라고 말하였다.

지배인의 명으로 배합사가 왔다.

"이즈음 배합이 나빠서 불량품이 많이 난다는데——."

이 지배인의 말에 대하여 배합사는 즉시로 반대하였다.

"네? 그럴 리가 있습니까? 꼭 저울로 달아서 이전과 같이 하는 배합에 변동이나 착오가 있을 리가 없습니다. 아마 네리가 부족한 모양입지요."

"네리? 그러면 네리공을 불러."

네리공이 왔다.

"네리를 이즈음 어떻게 하나?"

"전과 같습니다."

"그래두 생고무 품질이 나빠서 불량품이 많이 난다고 말이 있는데."

"네리에는 부족이 없습니다. 그럼 혹은 유화가 혹시 과하거나 부족하거나 하지 않습니까? 유화시킬 때의 취급이 너무 거칠지는 않습니까?"

"어디 유화공을 불러 봐."

유화공이 왔다.

"이즈음 유화를 어떻게 하나?"

"네?"

"이즈음 불량품이 많이 나는 건 알겠지?"

"네."

"왜 잘 유화시키지 않어?"

"천만에, 붙이기를 잘못 붙이는지는 모르겠습니다마는 유화에는 잘못이 없습니다. 기압 오십 파운드로, 한 시간 반씩 —— 과부족이 없습니다."

배합에서 네리로, 유화로, 이 세 과정의 책임자의 말을 듣는 동안 A의 머리는 점점 수그러졌다.

—— 내가 무엇하러 여기 들어왔는가? 서로 책임을 밀고 주고…… 여기 들어온 나부터가 벌써 마음을 잘못 먹지 않았나? 사람이란 당연히 제가 져야 할 책임까지도 남에게 밀지 않고는 살아가지 못하나. 여기 들어온 나부터가 잘못이다. 아무리 배합이 나쁠지라도, 아무리 네리가 부족할지라도, 아무리 유화가 잘못되었을지라도 성심껏 붙이기만 하면 안 붙을 바가 아니다. 왜 그 책임을 남에게 밀려 했는가? 우으로? 우으로? 좀더 사람답게! 감격키 쉬운 그의 눈에는 눈물까지 고이려 하였다.

"자네도 듣다시피 제각기 잘 했노라니깐 어느 편이 잘못했는지 모르겠네그려. 허허허."

지배인은 수염을 쓰다듬었다.

"네, 듣고 보니, 아마 붙이기를 잘못한 것 같습니다."

A는 머리를 수그린 채 돌아서서 지배인실을 나왔다. 그가 머리를 수그리고 직공늘 틈을 지나갈 때에, 어떤 여공이 그를 멍텅구리라 하였다. A는 그 말을 들은 체도 않고 빨리 공장으로 돌아와서 제 모자를 뒤집어쓰고 도시락 통을 뒤통수에 찼다. 그리고 막 밖으로 나오려다가 B와 마주쳤다.

"잘 만났네. 술 안 먹겠나? 내 한턱 냄세."

"뭐? 술? 만세. 좌우간 오늘 일을 끝내고 ——."

"에, 불쾌해!"

"왜 그러나? 하하하, 제각기 책임을 밀던가? 그런 거라네, 사람이란 건……. 거기서 네, 저희 장화공들이 붙이기를 잘못 붙였나 보이다 하던 자네의 태도는 예수 그리스도데, 예수 그리스도야. 예수, 석가여래, 공자, 하하하하. 하여간 좀 있다 술을 잊어서는 안 되네. 그리스도의 술을 얻어먹기가 쉽겠나?"

이튿날 아침, 몹시 목이 말라서 깰 때는, A는 뜻밖에도 도순네 집에 있는 자기를 발견하였다. A는 벌떡 일어났다. 정신이 아뜩하였다.

'이게 무슨 일이냐? 내가 이게 무슨 짓이냐?'

무한한 자책과 불쾌 때문에 가슴이 찢어지는 듯하였다. 증오에 불붙는 눈을 도순이의 얼굴에 부었다. 얼굴에 발랐던 분이 절반만큼 져 버려서 버짐 먹은 것같이 된 면상에 미소를 띠고 있는 도순이를 보면 불쾌감이 더욱 맹렬하여졌다. 그 얼굴에 침을 탁 뱉고 싶었다. A는 황급히 일어났다. 무엇이라 그의 등을 향하여 도순이가 부르짖었지만, 듣지도 못하였다. 문 닫고 가란 말만 간신히 들렸다. 잠에 취한…….

그 집을 뛰쳐나온 A는 자, 어디로 가나 하였다. 밤을 다른 데서 보내고 이제 어슬렁어슬렁 제 집으로 돌아가기에는 그의 양심은 너무도 맑았다. 지금껏 아내 이외의 딴 계집을 접해 본 일이 없는 그였다.

"무슨 짓이냐, 이 내 꼴은 ——."

불쾌하였다. 침이 죽과 같이 걸게 되었다. 마음은 부단히 향상을 바라면서도, 행위에 있어서 양심과 배치되는 일을 저지르는 제 약함을 스스로 꾸짖어 마지않았다. 그는 불쾌한 감정 때문에 연하여 사지를 떨면서 골목에서 거리로, 거리에서 골목으로 빙빙 돌고 있었다.

"아아, 거친 삶이다. 바보! 바보! 왜 나는 좀더 사람답게 못 되는가. 사람으로서의 사랑과 감정과 양심 —— 이것을 왜 기르지를 못 하느냐? 우으로, 우으로, 좀 사람답게!"

그는 메스꺼운 듯이 침을 뱉고 하였다.

하릴없이 공장으로 갔다. 하루 진일을 불쾌하게 지났다. 공장에서 일할 동안 저 편 여직공들의 일터에서, 무엇이 좋다고 죄죄거리는 도순이의 뒤 태도를 증오에 불붙는 눈으로 수없이 흘겼다. 벌써 잊었느냐?

"에익, 더러워. 한 사내와 한 계집의 결합이라는 것은 결코 농담이 아닐 것이다. 무지로다. 더럽다."

소리까지 내어서 중얼거리고 하였다.

여전히 천하를 태평히 보자는 B는, 일손을 멈추고 A를 돌아보며 웃었다. 그러나 A는 그의 미소에는 응치도 않고, 타는 듯한 증오의 눈을 B에게 던질 뿐이었다.

"오늘 밤도 또 가려나?"

응하지 않는 것을 탓하지 않고 B가 두 번이나 말을 붙일 때에 A는 몸까지 홱 B편에서 돌려 버리고 말았다.

그러나 그 날 밤, A는 몰래 술을 몇 잔을 먹은 뒤에 또다시 도순이의 집 문을 두드렸다. 아직 양심이 썩지 않은 A는 자기의 양심이 어긋나는 이 행동에 대하여 억지로 자기 스스로를 속일 핑계라도 없지 않을 수가 없었다. 그는 자기 스스로를 속여서 도순이에게 '한 사내와 한 계집의 결합이라는 것은 좀더 엄숙히 볼 문제' 라는 것을 설교해 주어야겠다고 핑계를 만들었다.

배합사와 장화공 새의 문제는 A의 철저치 못한 태도와, 지배인의 '허허허' 하는 웃음소리로 한 단락을 맺은 듯하나, 그것으로 완전히 끝이 난 것은 아니었다. 이튿날도 불량품을 낸 직공에게서마다, 배합사에 대한 원성이 나왔다. 그 이튿날도 마찬가지였다. 이리하여 날이 지날수록 그들의 원망은 차차 더하였다. 그러나 거기에 대하여, 구체적으로 어떻게든지 하자는 사람은 없었다.

"제길, 도적놈!"

이것이 그들의 최고의 원성이었다. A는 지배인에게 향하여, 인제부터는 잘 붙여 보겠노라고 하고 나온 뒤로 정성을 다하여 붙였다. 전에는 하루에 열 여섯 켤레 평균으로 붙이던 그가, 그 다음부터는 열두 켤레를 한하고 붙였다. 그러나 이틀에 한 켤레씩은 역시 불량품이 났다. 아무런 일에든지 '되는 대로'를 표방하고 지나는 B에게서는 하루에 평균 세 켤레가 났다. 어떤 날 A는 브러시질을 하던 손을 멈추고 B를 찾았다.

"여보게 B, 이러다가는 참 안 되겠네."

"뭐이?"

"불량품 문제 말일세."

"하하하하, 자네도 걱정이 나는가? 붙이기만 잘 붙여 보게나. —— 아닌게아니라 걱정은 걱정일세. 그래서 어저께 나 혼자서 몰래 지배인을 찾아갔다네. 그자(지배인)하구 우리 집하구는 본시 세교 집안이기 때문에 내가 아무리 일개 직공이라 해도 그리 괄시를 못 한다네. 그래서 담판을 했지. 배합사를 내쫓아 달라구. 그랬더니 그 대답이 이렇더구만. 지금의 배합사는 이 공장이 창설될 때 공장에서 일부러 고베까지 보내서 수천 원을 색여 가면서 배합법을 도둑질해 온 게라구. 그래서 보통 배합사면 한 달에 월급 일백이십 원은 줘야 하는데 이자에게는 월급 그 반액 육십 원밖에 안 준다나. 십 년 동안을 육십 원씩 주고 그 뒤부터야 보통 배합사의 월급을 준다네그려. 그런 사정이 있으니까 내보낼 수가 없대."

"B. 난 어젯밤에 이런 생각을 해 봤는데 어떨까. 우리 장화공의 수효가 삼백 명이 아닌가. 그 삼백 명이 한 달에 네 켤레씩 불량품을 낸다면 그 공전 손해가 육십 원이지. 그리고 불량품을 낸 배상으로 만드는 이천사백 켤레의 공짜 신까지 합하면 매달 일백팔십 원이라는 돈이 떠오르네그려. 그 떠오르는 돈으로, —— 즉 우리 돈으로 말일세. 우리 돈으로 우리가 배합사 한 명과 네리공 한 명을 야도우*해 보면 어떨까 하는 말이야. 공장측 배합사와 네리공을 감독하는 셈일세그려. 우리가 지금 배합이나 네리가 나쁜 탓으로 받는 손해가 한 달에 한 사람에 네 켤레쯤으로 당할 것인가. 적어도 한 사람 평균 서른 켤레는 될 것일세."

"만세! A 만세! 씨르럭 푸르럭 톨스토이 식의 헷소리나 하는 자넨 줄 알았더니, 이런 지혜도 있었나? 만세 만세 만만셀세. 그렇지만 역시 공상가의 생각일세. 도련님의 생각이야. 샌님. 도련님, 직공들이 말을 들을 줄 아나? 배합이 나빠서 한 달에 일만 원을 손해를 볼지언정 그것을 개량할 비용으로 십 전은커녕 일 전도 안 낸다네."

"그럴 리야 있겠나?"

"그러기에 자네는 샌님이라지. 하하하하."

"사리를 설명해 ——."

"사리? 사리를 알 것 같으면 자네 같은 철학자나 나 같은 주정꾼이 되지. 좌우간 말해 보게나. 나쁜 일은 아니니깐."

A는 다시 브러시를 들었다. B의 이야기는 독단이었다. 사람의 사람으로서의 신성함을 무시하는 독단이었다. A는 다시 그 이야기를 B에게 안 하려 하였다.

그리고 이튿날 공장에 출근할 때는 그는 어저께 B에게 이야기한 것과 같은 규맹서를 작성하여 가지고 왔다.

점심때를 이용하여 그는 B에게 도장 찍기를 원하였다. B는 웃으면서 찍었다. 그러나 다른 사람에게는 좀처럼 도장을 받지는 못하였다.

---

* 야도우 '고용'의 일본말.

"도장을 못 가져왔구려."

어떤 사람은 이렇게 대답하였다.

"다들 찍으면 나도 찍지요."

어떤 사람은 이렇게 대답하였다.

"집에 가서 의논해야겠네."

어떤 사람의 대답은 이것이었다. 이리하여 그가 받은 도장은 삼백 명 직공 가운데서 겨우 열서너 사람에 지나지 못하였다. 그 날 일을 끝내고 몹시 불유쾌하여 돌아가려 할 때에 B가 따라왔다.

"어때? 몇 사람이나 받았나?"

"에익, 더러워! 짐승만도 못 한 것들."

"하하하하, 안 찍던가? 글쎄 내가 그러지 않던가? 안 찍네 안 찍어."

"돼지, 개!"

"몹시 노여우신 모양일세그려. 술 마시고 싶지 않은가? 한턱 내게나."

A는 B의 얼굴을 바라보았다. 그리고 B의 얼굴에 뱉으려고 준비하던 침을 탁 땅에 뱉은 뒤에 돌아서서 빠른 걸음으로 집으로 향하였다.

도순이와의 일이 있은 뒤부터 A는 자주 도순을 찾았다. 도순이의 집을 다녀온 이튿날마다 몹시 불쾌하여 다시는 안 가려 혼자 맹세하고 하였다. 그러나 그의 발은 뜻하지 않고 그리로 향하여지고 하는 것이었다.

공장에서는 도순이와 A는 서로 모른 체하였다. 처음 한동안은 도순이가 말을 걸어 보려 하였으나 A가 부끄러워 피하고 하였다. 그 뒤부터는 도순이도 모른 체하였다. 간간 도순이가 A의 곁으로 지나다가 몰래 꼬집고 하는 것뿐이었다.

그것은 오월 단오가 가까운 어떤 날이었다. A가 집에서 저녁을 먹고 거리(?)에라도 나갈까 하고 망설이고 있을 때에 아내가 찾았다.

"어디 또 나갈려우?"

"응."

"여보, 응이 대체 뭐요, 응이 뭐야? 집안 꼴을 좀 봐요. 쌀이 있소, 내일 모레가 명절인데 아이 옷이 있소?"

"귀찮은 여편네로군!"

"할 말 없으면 저런 말 한담."

아내는 어이없는지 픽 하고 웃어 버렸다. A도 그만 웃어 버렸다. 그리고 싱겁게 귀동이(그이 두 살 난 아들)를 두어 번 얼러 본 뒤에 집을 나섰다. 집을 나선 그는 B를 찾아가서 B를 문간까지 불러 냈다.

"여보게 B, 돈 한 이 원만 취해 주게."

"밤중에 돈은 해서 뭘 하겠나?"

"집에 쌀이 떨어졌네그려."

"뭐? 쌀? 그거야 되겠나? 가만 있게. 이 원으로 되겠나? 한 오 원 줄까?"

A는 B의 얼굴을 바라보았다. 천하 만사를 되는 대로 해 나가는 듯한 B —— 그가 집에는 생활 비용을 여유 있게 남겨 두며, 친구의 청구에 두말 없이 꾸어 주는 그의 태도, 눈물이 나오려 하였다.

"오 원이면 더 좋지."

"잠깐 기다리게."

B는 들어가서 제 아버지(?)와 중얼중얼하더니 오 원을 가지고 나왔다.

"자, 쓰게. 딴 데는 쓰지 말게."

"이 사람아."

이런 일에 감격키 쉬운 A는 눈물이 나오려는 것을 막고 B에게서 돌아섰다. 그 날 밤 집에 돌아올 때는, 그는 쌀 한 말과 어린애의 인조견 저고릿감과 제 아내의 저고릿감을 각 한 채씩을 들고 돌아왔다.

집에 들어서면서 장한 듯이 홱 내던진 그 물건들을 아내는 생긋이 웃

으면서 집어치웠다. 제 저고릿감에 대하여는, 그는 그다지 기뻐하는 듯이 보이지 않았다. 한 순간 펴 본 뿐, 곧 집어치웠다. 자리에 누워서도, 당신 의 옷이나 끊어 오지요 할 뿐, 제 것에 대한 치하는 안 했다. 이튿날 아침, A가 깨어서 세수를 하려고 문을 열 때였다. 혼자서 불을 때며 제 저고릿 감을 뒤적이고 있던 그의 아내는 A가 나오려는 바람에 얼른 감추어 버렸 다. 얼굴이 주홍빛이 되었다. 말도 없고 표정도 없었지만 얼마나 기뻐하 는지가 역연히 보였다.

집을 나서서 공장으로 가는 동안, A의 마음은 명절을 맞은 어린아이들 과 같이 괴상히도 들먹거렸다. 무한 명랑하고 기뻤다. 단 일 원, 그것으로 아내의 마음을 그만치 기쁘게 할 수가 있는 것이었다. 싸지 않으냐.

그는 문득 도순이를 생각하였다.

연애? 그것도 아니었다. 성의 불만? 그것도 아니었다.

유쾌? 오히려 그 반대였다. 여성 정복이라는 일종의 병적 쾌감이 그를 도순이에게 끄는 유일의 원인이었다. 그것은 더러운 감정이었다.

"우으로—— 우으로——."

이리하여 그는 그 뒤부터는 도순이의 집을 다시 가지 않았다. 공장에서도 할 수 있는 대로 도순이를 보지 않으려 하였다. 집에 누워서 때때로 그 도순이의 일을 회상하고는 심란해질 때는 언제든지 귀동이를 찾았다.

"야, 귀동아!"

"어?"

"응, 너 착하지."

"까—— 따—— 빠——."

"뭘?"

"따—— 떼—— 여이!"

"그렇지. 따, 떼, 여이, 지."

그리고 그는 거기서 도순이와 만났을 때와는 온전히 종류가 다른 만족과 희열을 발견하였다. 귀동이의 까—— 따—— 빠—— 는 도순이의 흥에 지지 않는 매력이 있었다. 제 아내에게 무슨 물건을 사다 줄 때마다 본체만체하는 아내의 태도는, 사다 주는 물건에 입을 맞추며 기뻐서 날뛰는 도순이보다도 A에게는 은근스럽고 흡족하였다.

그의 생활은 다시 건전한 데로 돌아섰다.

여름도 절반이 갔다.

그 어떤 여름날 공장을 끝내고 돌아오는 길에 A는 문득 앞에 B가 도순이를 끼고 소곤거리면서 가는 것을 보았다. 집에 돌아와서 저녁을 먹은 뒤에 곤하여 자려 하였으나 그의 마음은 공연히 뒤숭숭하였다.

"압 바."

귀동이가 찾으면서 왔다. 그러는 것을 그는 밀었다.

"저리 가!"

"따 띠?"

"뭘?"

"여이 따 — 떼이."

"엄마한테 가."

"마?"

"응, 응."

A는 벌떡 일어났다. 더워하면서 그는 모자를 쓰고 집을 나섰다. 야시며 일 없이 거리를 빙빙 돌다가 아홉 시쯤 하여 도순이의 집앞에 가서 귀를 기울였다.

"올빼미 같으니."

"흥, 넌 싱검둥이지?"

안에서는 확실히 B와 도순이의 목소리가 들렸다. A는 문을 두드렸다. 안의 소리들은 끊어졌다. A는 두 번째 두드렸다. 대답은 없었다. A는 또다시 두드렸다. 세 번째야 건넌방에서 '누구요?' 하는 소리가 들렸다.

"도순이 있어요?"

"놀러 나갔소."

"언제쯤이오?"

"아까요."

A는 홱 돌아섰다. 나를 따르는구나. 있고도 없다고? 짐승들! 더러워! 더러워! 거기서 돌아선 그는 그로부터 두 시간쯤 뒤에 도순의 집에 이르렀다. 그 때는 그는 먹을 줄 모르는 술에 정신 없이 취해 있었다.

"도순이!"

그는 몸 전체로 대문을 받았다. 그리고 그 여력으로 넘어진 그는 주저앉은 채로 대문을 찼다.

"도순이!"

한 마디 부르고는 앉은 채로 서너 번씩 대문짝을 차고 하였다.

'지금 연놈이 끼고 누워 있나?

"어어, 나가네."

이윽고 안에서 대답 소리가 났다. B의 목소리였다.

"이 사람아, 좀 기다려. 대문 쩌개지겠네."

안에서 문 여는 소리가 나고 신발 끄는 소리가 나고, 대문이 덜걱덜걱 하다가 열렸다.

"자, 들어가세."

A는 그만 싱겁게 일어났다.

"B인가. 난 누구라구. 난 가겠네. 어 취해."

"들어가세나."

"가겠네. 재미 보게. 응? 재미 봐."

A는 뿌리치고 돌아섰다.

바보! 바보! 뭘 하러 거기까지 다시 갔던가! 이야말로 태산을 울린 뒤에 겨우 쥐 한 마리란 격이로구나. 술과 노염과 불쾌 때문에 그는 귀가 어두워지고 눈이 어두워졌다.

'바보! 바보! 이게 무슨 창피스런 꼴이냐?

집에만 돌아가면 즐거운 가정이 있지 않으냐? 귀동이가 있지 않으냐? 아내가 있지 않으냐. 시골에는 늙은 어머니가 있지 않으냐? 그리고 그들은 모두 나 하나를 힘입고 살고 있지 않으냐? 나는 그들을 돌볼 권리와 의무가 있지 않으냐? 나는 사람이다. 우으로! 우으로.

술과 노여움으로 흥분된 A는 혼자서 중얼중얼 말을 하면서 고개를 푹 수그리고 거리거리를 비틀거리며 돌아다니고 있었다. 그러다가 어디선지 쓰러져 자 버렸다.

이튿날 ──. 새벽에 길로 뛰쳐나왔다. A는 오늘은 공장을 쉴까 하였다. 공장에서 B를 만나기가 싫었다. 그러나 갈 데가(이 이른 새벽에) 없어서 빙빙 돌다가 오정쯤 드디어 공장으로 갔다.

"요──."

B는 여전히 손을 들어 인사하였다. 이것은 A에게는 의외였다. B는 부끄러워하려니 하였던 것이었다. 그런 일이 있고 뻔뻔스럽게도 천연하랴? 그 날 일을 하는 동안 B에 대한 시기가 차차 커가다가, 그 시기가 노염이 되고 노염은 종내 그답지 않은 일로 폭발이 되었다. B는 자기의 브러시가 보이지를 않았던지 A의 승낙도 받지 않고 A의 브러시를 집어 갔다.

"이 자식, 남의 것 왜 집어 가는 거야?"

A는 붙이던 신을 상 위에 놓은 뒤에 팔을 내밀었다. B는 브러시를 빼앗기지 않으려는 듯이 손을 돌렸다.

"자네 것이면 좀 못 쓰겠나?"

"내 해, 내 것, 내, 내, 내 해야."

A는 숨을 덜컥덜컥하였다.

"야, A. 비싸게 굴지 마라."

"뭘? 이리 못 내겠느냐?"

"내 쓰고 주지 않으랴."

"에익!"

A는 주먹으로 B를 쥐어박았다. 눈에 충혈이 되면서 일어섰다. 이 통에 다른 직공들도 왁하니 일어서서 둘러섰다. 큰 구경이 난 것이다. 그 가운데서 일단 넘어졌던 B는 옷의 먼지를 털면서 일어났다. A는 B가 달려들 줄 알고 그 준비를 할 때에, B는 옷을 다 털고 나서 앞에 놓인 꽤 굵은 쇠몽치를 잡았다. 그리고 무릎을 쇠몽치의 중간에 대고 양손으로 쇠몽치의 양 끝을 잡아 힘껏 당겼다. 쇠몽치는 그 두려운 힘에 항복하듯이 구부러졌다.

"A. 이봐. 내가 힘으로 너한테 지는 바는 아니다. 그렇지만 너한테 차마 손 못 대겠다. 네 브러시를 쓰지 않으면 그뿐 아니냐. 옛다, 받아라! 네 브러시로라."

B는 브러시를 A에게 던졌다. 그리고 제 브러시를 얻어 가지고 방금 그 분쟁을 잊은 듯이 제 일을 시작하였다. 그 오후, A는 일할 동안 몇 번을 몰래 B를 보고 하였다. A는 지금 브러시가 아니라, 그보다 더한 것이라도 B가 달라기만 하면 곧 주고 싶었다. 아까의 제 행동을 뉘우쳤다. 부끄러운 일이라 하였다. 사람의 짓이 아니라 하였다. 저녁때 일을 끝내고 돌아가려 할 때 A는 공장 문 밖에서 B를 기다렸다.

"여보게, B!"

"또 싸움을 하——."

"아까는 미안하이."

"하하하하, 사죄인가. 경우 밝은 녀석일세. 세 시간도 못 지나서 사죄할 일을 왜 한담. —— (또 콧노래 한 가락 부르고 나서) 그런데 A, 브러시가 그렇게 아깝던가?"

A는 머리를 숙였다.

"B, 웃지 말고 대답해 주게. 자네 도순——."

"하하! 아, 알았다. 그 일이 거기서 나왔구나. 이 못난 자식아, 샌님아. 야. 술이나 먹으러 가자. 오늘은 내가 한턱 내지."

A는 술을 피하고 싶었다. 그러나 B에게 대한 미안한 생각은 A로 하여금 싫은 술 좌석일지라도 기쁜 듯이 가지 않을 수가 없게 하였다.

그 날 저녁을 기회로 A의 생활은 또다시 불규칙하게 되었다. 또다시 술, 계집……. 그 날 저녁 B는 얼간이를 소개하였다. 얼간이는 싱겁게 웃은 뒤에 이를 승낙하였다. A는 순교자*와 같은 비창*한 마음으로 이를

＊순교자(殉敎者) 자기가 믿는 종교를 위하여 목숨을 바치는 사람.
＊비창(悲愴) 슬프고 마음 아픔.

승낙하였고, 대단한 불쾌와 그 가운데 약간 섞여 있는 호기심으로 얼간 이의 집으로 갔다.

이 날의 이 일은 마치 A에게는 아편의 독소와 같았다.

"우으로 —— 우으로. 더욱 높은 데로!"

마음으로는 여전히 향상을 바라고 부단*의 자책과 공포를 느끼면서도 그의 이성, 그의 양심을 무시하고 그의 행동은 어긋나는 길로 가는 것이었다. 그 날의 그 일은 A의 양심의 첨단을 갈아 내는 줄이었다. 커다란 이 줄에 끝이 쓸려 나간 그의 양심은 그로 하여금 얼굴 붉힐 일을 연하여 행하게 하였다. 아침 자리에서 일어날 때는 언제든 그는 이즈음의 제 생활을 돌아보고, 커다란 부끄러움을 느끼고 하였다.

"고쳐야겠다. 이런 생활에서 어서 떠나야겠다."

이런 생각이 아침 일어날 때마다 그의 마음을 지배하였지만, 공장에서 돌아올 때에 동무들이 그의 어깨를 한 번 툭 치는 것을 기회로 그의 양심은 자취를 감추고, 또다시 그들과 어깨를 겯고 좋지 못한 곳을 찾아가는 것이었다. 그런 뒤에는 술과 계집과 방탕이 시작되는 것이었다.

술은 언제든 A의 마음을 무겁게 하였다. 남들은 술이 들어가면 마음이 더 들뜬다. 하나, A의 속에 술이 들어가면 언제든 마음이 차차 무거워 갔다. 순교자와 같은 비창한 마음이 늘 생겼다. 술은 언제든 그의 양심으로 하여금 분기케 하였다. 제 거친 생활을 뉘우치게 하였다. 취기가 돌면 돌수록 그는 자기의 비열하고 참되지 못한 생활과 행동을 뉘우치게 되었다. 그리고 이런 곳에 같이 따라온 제 약한 마음을 채찍질하게 되었다.

"우으로! 우으로!"

"아아!"

지금은 주량도 무척이 는 그였다.

---

* 부단(不斷) 꾸준히 잇대어 끊임이 없음.

불량품 문제는 이전의 그 자리에서 조금도 진척되지 않았다. 역시 불량품이 많이 났다. 그러나 거기 대하여 제각기 불평은 말하면서도 어떤 조처를 하자고 발의를 하는 사람도 없었고 생각을 해 보는 하는 사람조차 없었다.

"제길! 또?"

이것이 그들의 가장 큰 원성이었고, 가장 큰 반항이었다. 그 이상은 아무것도 없었다. 더구나 여름이라 하는 시절은 고무 공업은 한산한 시절이라, 공장주측에서도 아무런 조처도 없었다. 직공은 직공대로 다만 목 잘리지 않기를 위주하였다. 공장주는 공장주대로, 한산한 여름을 공전 적게 주고, 공장 문 닫지 않게 지나기만 위주하였다. 이리하여 많은 '제기!' 와 많은 불량품 가운데서 한산한 여름은 지나갔다.

어떤 날 낮, 배합사가 A와 B를 찾아서 저녁때 좀 조용히 만나기를 청하였다. 저녁때 배합사와 A와 B의 세 사람은 어떤 조용한 중국 요릿집에 대좌하였다. 처음에 두어 마디 잡담이 돌아간 뒤에, 배합사는 옷깃을 바로 하며 눈을 아래로 떨어뜨리고,

"오늘 부러 두 분을 청한 것은 다름이 아니라, 특별히 부탁할 일이 있어선데 들어 주시겠습니까?"

하고 공손히 부탁하였다.

A는 B의 얼굴을 보았다. B는 배합사의 얼굴을 보았다. 그리고 아무 대답도 없는데, 배합사는 또 말을 꺼냈다.

"들어 주시겠습니까가 아니라, 꼭 들어 주셔야겠습니다. 이것은 내게 뿐만 아니라 노형들께도 해롭지 않은 일이외다."

"어디 말씀해 보세요."

B는 담배를 붙여 물고 배합사를 바라보았다.

"네. 형공 두 분을 믿고 말씀드리리다. 다른 게 아니라 그 배합에 대해서는 언젠가도 이야기가 났었지만, —— 불량품이 많이 나는 건 역시

배합이 나빠서 그래요. 부끄러운 말씀이올시다마는, 내 집안 식구가 열 셋이야요. 그런데 여기서 내가 받는 월급이 겨우 육십 원이겠지요. 그걸로 어떻게 열세 식구가 살아갑니까? 보통 배합사면 아무 데를 가든 월급이 백 원은 넘습니다. 그런데 이 공장과 나와의 사이엔 특별한 관계가 있어서⋯⋯그 관계란 것이 ──."

말의 순서를 잘 따질 줄 모르는 배합사의 선후며 연락이 없는 이야기를 종합하여 듣건대 ── 그리고 정 이해하기 어려운 곳은 다시 묻고 또 묻고 하여 알아들은 결론에 의지하건대, 그의 말의 요지는 다음과 같았다.

── 먼저 그는 자기가 이 공장의 돈으로 고베까지 파견되어 배합법을 배워 온 경유를 말한 뒤에 말을 계속하여 ── 자기는 분명 그 은혜가 크기는 크다. 금전으로 바꾸지 못할 귀중한 보배, 마를 길 없는 지식의 샘(배합법이라는)을 공장의 덕으로 머릿속에 잡아 넣기는 넣었다. 그 은혜의 큰 바는 모르는 모름이 아니지만, 한 달에 겨우 육십 원의 봉급으로는 열세 식구가 살아갈 수가 없다. 그러나 십 년 만기까지는 이 공장에 팔린 몸이매, 제 자유로 나갈 수도 없다. 은혜 내지는 의리와 현실 생활 ── 이러한 딜레마에서 헤매던 그는 마침내 한 가지의 방책을 발견한 것이었다. 즉, 공장에서 자기를 내쫓도록 수단을 쓰는 것이었다. 그래서 그는 부러 배합을 허투로 하여 고무가 붙지를 않도록 만들었다. 그러고, 직공측에서 문제가 일어나기를 기다렸다.

그러나 그의 기대와 달리 잠시 일어났던 문제는 사라지고, 그러는 동안에 고무 공업계의 한산기인 여름이 되어서 그냥 잠자코 있었는데 ── 아무리 하여도 육십 원의 월급으로는 열세 식구가 먹고 살 수가 없으니, 직공측에서 운동을 하여 자기를 내쫓도록 해 달라 ── 는 것, 이것이 그 배합사의 부탁의 뜻이었다.

"A, 자네 의견은 어떤가?"

배합사의 이야기를 들은 뒤에 B는 A에게 먼저 의견을 물었다. 모든 일을 농담으로만 넘겨 버리려는 B의 얼굴에도 이 때만은 비교적 엄숙한 기분이 있었다.

"글쎄."

A는 이렇게 대답할 뿐이었다. 이즈음 술과 허튼 생활로써 마비된 A의 머리로서는, 이런 일에 임하여 갑자기 옳은 판단을 내릴 수가 없었다. 온갖 일이 권태*의 대상이요, '감동'이라 하는 것을 잃어버린, 한낱 기계와 같이 되어 버린 A의 머리에는 이러한 미묘한 감정에 얽힌 인생 문제는 판단 내릴 수가 없었다.

"글쎄."

또 한 번 뇌면서 A는 곤한 듯이 담배를 붙여 물었다.

1. 열세 식구와 육십 원 — 이러한 괴로운 경지에서 배합사가 쓴 수단, 그것은 비열한 수단에 틀림이 없으나, 사랑하는 부모 처자의 구복을 위해서 할 수 없이 쓴 수단이니 배합사의 행위를 용납할 것인가?

2. 저부터 살고야 볼 것인가, 남부터 살릴 것인가?

3. 배합사는 공장의 덕택으로 일생을 써먹어도 마를 길이 없는 귀한 보배인 지식을 얻었다. 여기 대한 의리와 의무를 벗어 버리려는 배합사의 행위는 옳은 것인가. 그른 것인가? 만약 옳다 할진대 그것은 너무 에고이즘*이다. 그르다 할진대, 너무 도학*적이다.

4. 자기의 한 가족을 위하여 몇 달 동안 삼백여 명의 직공과 수천 명의 가족들을 괴롭게 한 그 행위는 밉다 볼 것인가?

5. 비열한 행동은 해서 못 쓴다.

6. 밥은 먹고야 산다.

7. 그러나 '정당한 행위'와 밥이 서로 배제될 때는 어느 길을 취해야

---

* 권태(倦怠) 어떤 일이나 상태에 시들해져서 생기는 게으름이나 싫증.
* 에고이즘(egoism) 이기주의. 오로지 자기의 이익만을 추구하는 방식이나 태도.
* 도학(道學) 도덕에 관한 학문.

하나?

순서 없이, 연락 없이, 그리고 한 토막의 해답도 없이, 이런 생각이 A의 머리에 얽혀 돌아갔다. B가 지금껏 먹던 담배를 휙 내던지고 코를 두어 번 울렸다. 배합사를 찾았다.

"좌우간 여보 노형, 혼자를 위해서 몇 달 동안 배합을 못 되게 해서 삼백여 명의 직공을 손해 입혔으니 그게 무슨 비열한 짓이오? 지금 새삼스레 성내야 쓸데없는 일이지만, 미리 서로 어떻게든 의논했으면 좀더 달리 변통할 도리라도 있었지요."

"면목없습니다."

"면목? 면목쯤으로 당하겠소? —— 좌우간, 우리는 어차피 노형을 배척은 해야겠소. 그건 노형을 위해서가 아니고 우리들을 위해서 하는 일이지만……이 뒤 다른 데 가서라도 그런 짓은 아예 다시 하지 마시오 —— A, 자네 돈 가진 것 있나?"

A는 주머니를 뒤졌다.

"일 원밖에는 없네."

"일 원 내게."

"뭘 하겠나?"

"글쎄, 내게."

B는 돈을 받아 가지고, 보이를 불러서 회계를 명하였다. 배합사가 창황히 말렸다.

"이보세요, 이번 건 내 내지요. 두 분께 부탁할 일이 있어서 부러 청한 게니깐……."

"걱정 마시오. 조합식으로 합니다. 이런 부탁을 받을랴고 음식을 얻어먹었다면 우리도 속으로 불유쾌하니깐 삼분해서 내기로 합시다."

A는 눈을 들어서 B와 배합사를 번갈아 보았다. 커다랗게 뜬 오른편 눈을 약간 떠는 뿐, 아무 표정도 없는 B의 얼굴과 부끄러움으로 풀이 죽은

배합사의 얼굴을 번갈아 보는 동안, A의 마음에는 '감동'이라고밖에는 형용할 수 없는 괴상스런 감정이 생겼다. 그리고 그것은 이즈음 한동안은 그의 마음에서 발견할 수 없던 감정이었다. A의 눈도 약하게 떨렸다.

삼사 일 동안은 그 배합사의 문제는 A와 B 두 사람이 아는 뿐, 일체 누설치 않았다. 온갖 일에 대하여, 자기의 푯대와 주장을 가지고 있는 B는 이런 일을 당할지라도 주저하지 않고 일을 진행시켰다.

A가 들은 바,

1. 임금 인상
2. 대우 개선
3. 배합사 해고

이 세 가지의 문제에 대하여 B는 웃어 버렸다.

'배합사 무조건 해고.'

B의 주장은 이 단 한 가지 조건이었다.

"소위 개선이라 하는 건 한 가지씩 점진적으로 해야 된다네. 한꺼번에 여러 가지를 구했다가는 질겁을 해서 승낙을 안 해. 지금 우리에게 절박한 문제는 배합이 아닌가. 게다가 공연히 '임금 인상'이며 '대우 개선'을 덧붙였다가는 공장주 측에서 질겁을 하고 물러서고 말리. 한 가지씩 해 나가면 손쉽게 될 가능성이 있는 걸 공연히 섣불리 덤벼서 동맹 파업이라 무엇이라 해 가지고 피차에 손해를 보면 긁어 부스럼이네. 우선 급한 문제만 해결하고 기회를 봐서 서서히……."

그리고 또 이렇게 보태었다.

"또 공장주 측에서 배합사를 내쫓을 때 배합사를 유학시킨 비용을 증서로 받는다든가 하면 배합사가 불쌍하지 않은가! 우리 측에서 보면 배합사가 한 일은 괘씸하기는 하지만 그것도 무슨 악의에서 나온 바가 아니고 자기의 밥을 위해서 한 거니까, 그 수단이 무지하기는 하지만,

그 사람의 장래도 생각해 줘야 할 게야. '악의'는 용서할 수 없지만 '무지'는 용서할 여지가 있는 일이야. 그 사람도 노동자일세."

A는 이러한 B의 말을 들을 때에 막연하게나마, 커다란 인류애를 느꼈다. 오른쪽 눈과 왼쪽 눈이 제각기 활동을 하는 사팔뜨기 B의 표정에는 이런 때는 신성하고 엄숙한 기분이 넘쳤다.

이러한 삼사 일 동안, A는 금년 여름을 보낸 그 들뜬 기분을 잊었다. 때때로 불끈 그 생각이 솟아오를 때는 그는 얼굴을 붉혔다. 그의 마음은 마치 핸들을 잡은 운전사와 같이 긴장되어 있었다. 온갖 술과 계집과 허위와 인제는, 너털웃음의 들뜬 생활 —— 여름 동안은 그렇듯 그의 마음을 끌고 그의 온 정신을 유혹하던 그 생활, —— 더구나 삼사 일 전까지도 계속되던 그 생활은 인제는, 그에게는 이상한 애조로서 장사당한 한 옛적의 일과 같이 어떤 엷은 베일로 감춰져 버렸다.

B는 아무 일에든 구애됨이 없이 낮에는 천연히 일하였다.

"네 나이는 열아홉, 내 나이는 스물하나 —— 니까. 너고 나고 인제는……."

늘 콧소리로 흥얼거리면서, 일변 불량품을 연하여 내면서, 때때로는 멀리 떨어져 있는 여공들의 일간을 향하여, 큰 소리로 농담도 던지면서 천연히 일을 하였다. A는 B를 부러워하였다. 아무런 일에 처하여도 자기의 본심만은 잃지 않는 B는 어떤 의미로 보아서는 A에게는 영웅으로까지 비쳤다. 아무런 일이든 B는 그 일이나 마음을 지배하였지 거기 지배당하지는 않았다. 꼭 같은 일을 A와 B가 할지라도 A에게 있어서는 '그 일에 끌려서 행하는 것'에 반하여, B는 '그 사건을 지배'하였다. A에게는 B의 그 점이 몹시 부러웠다. 그리고 A는 막연하게나마, 자기의 성격이라 하는 데 대하여도, 처음으로 이해의 눈이 벌어지기 비롯하였다. 공장 노동이라 하는 것은 자기에게 적당치 않은 것을 어렴풋이 깨달았다. B와 같이 굳센 성격의 주인이거나, 그렇지 않으면 다시 소생할 여망 없이 타락

한 사람이 아닌 이상에는, 공장 노동이란 십중팔구는 그 사람의 성격을 파산시키며, 품성을 타락시키며, 순진함과 향상욕을 멸망케 하는 커다란 기관이란 것도, 어렴풋이 짐작되었다. 검은 물은 들기가 쉽고, 따라서 무서운 전파력을 가졌다는 평범한 진리도 다시금 느꼈다.

며칠 뒤, 좀 두드러진 직공 몇 사람을 모아 놓고 이번의 배합사 문제를 내놓고 배합사를 내쫓도록 공장측에 요구하자는 의향을 그들의 앞에 제출할 때에 반대가 있으리라고는 뜻도 안 하였다.

그 반대의 이유는 이러하였다.

"그럼, 그 배합사는 부러 배합을 고약하게 해서 우리를 손해 입혔단 말이지? 그러면 말하자면 배합사는 우리의 원순데 우리가 애써서 그 사람을 내쫓아서 봉급 많이 주는 데 갈 수 있게 해 줄 필요가 어디 있단 말인가?"

거기에 대하여 B는 이렇게 설명하였다.

"여보게, 그렇게 생각할 게 아닐세. 우리는 우리를 위해서 그것을 요구하는 것이지, 배합사를 위해서 요구하는 것이 아니네. 배합사는 잘되건 못 되건 생각할 필요가 없고, 우리는 우리 문제, 즉 불량품 많이 나는 문제만 없어지면 그뿐이 아닌가. 배합사의 봉급 참견까지야 할 필요가 어디 있나?"

"글쎄, 남의 일은 참견 말고 우리 일이나 하세그려. 유조건 해고든 무조건 해고든 그것까지야 왜 참견하자나?"

—— 어떤 직공이 또 이렇게 반대하였다. 그리고 제 말재간을 자랑하는 듯이 둘러보았다.

"그건 궤변이야. 궤변은 함부로 쓰면 못써."

"궤변?"

그 직공은 '궤변'의 뜻을 모르는 모양이었다. 싱거운 듯이,

"궤변 아니야."

할 뿐 잠잠하여 버렸다. 다른 직공이 또 반대하였다.

"노동자는 제 밥벌이만 해도 바쁜데 원수까지 사랑할 겨를은 없네. 우리는 예수교인이 아니니까."

"이 사람아(B의 말이었다.), 말을 왜 그렇게 하나? 아무리 겨를이 없다 해도 겸사겸사에 해지는 일을 왜 부러 피하려나? 저도 좋고 나도 좋은 일을, 왜 나만 좋자고 그 사람의 일을 일부러 뽑겠나. 그 사람 — 배합사도 노동잘세."

"그 사람은 양복 입었는데."

또 반대였다.

"나도 양복이다."

── B는 마침내 성을 내었다. 그는 발을 구르면서 죄다 해진 양복의 앞자락을 쳐들었다. 왁하니 웃음소리가 났다. 그러나 A에게는 이것은 결코 웃지 못할 장면이었다. 다 해져서 걸레에 가까운 알파카 양복의 앞자락을 쳐들며 일어서는 B의 모양에는 웃지 못할 엄숙함이 있었다. 문제는 진행되지 않았다. 변변치 않은 문제에 걸려서 제각기 의견을 제출하고 반대하고 하느라고 그 날은 종내 해결짓지 못하였다. 그리고 내일 다시 모이기로 하고 그냥 헤어졌다.

이튿날 다시 회의는 열렸다. 회의의 벽두에 누가, 동맹 파업의 문제를 일으켰다. 그 때에 뜻밖에도 동맹 파업이라 하는 것은 거기 모인 사람들의 흥미를 몹시 일으켰다. 뭇 입에서는 동맹 파업을 부르짖는 소리가 높았다. 처음에는 어이없어서 방관적 태도로 입을 봉하고 있던 B가, 너무도 모든 사람의 의견이 그리로 몰리므로 종내 입을 열었다.

"여보, 일에는 순서가 있지 않소? 먼저 우리의 요구를 제출해서 그 요구가 용납되지 않으면 동맹 파업도 할 수 있는 일이지만, 동맹 파업부터 먼저 한다는 법이 어디 있소?"

"요구야 물론 안 들을 게지."

"아, 들어 줄지 안 들어 줄지 지내 봤소? —— 대체 여보, 당신네들이 알고 그러우, 모르고 그러우! 어쩐 셈이오?"

"알고 모르고가 있나?"

—— 노래 가사를 부르는 사람도 있다.

"여보들, 순서를 밟아서 일을 하면 혹은 무사히 우리 요구를 들어 줄지도 모를 일을 파업부터 하면 뭘 하오?"

"그래야 혼내지."

"하하하하. 설사 혼이 난다 합시다. 혼이 나면 —— 그 동안 우리들의 집안 식구는 어떻게 무얼로 살아갈 테요."

"그런 걱정까지 해선 큰 일을 하나."

아아, 이 무지여! 외래 사상을 잘 씹지도 않고 거저 그대로 삼켜서, 그것이면 무조건하고 좋다고 자기의 환경과 입장을 고찰하지도 못 하고 덤비는 이 무리들이여. —— A에게는 딱하고 한심하기가 끝이 없었다.

B와 A의 의견과, 다른 직공들의 의견의 새에는 현격한 차이가 있었다. 그 차이를 갖다가 맞붙이기는 힘들었다. 직공들의 대부분은 공연히 동맹 파업이라는 생각에 들떠서, 사리를 생각할 여유를 잃은 모양이었다.

문제는 해결되지 못한 채로 셋째날로 넘어갔다.

문제는 다섯째 되는 날에야 겨우 타협점을 발견하였다.

1. 배합사의 해고에 '무조건' 이라는 문구를 뽑을 것.

2. 공장측에서 직공의 요구를 듣지 않는 경우에는 동맹 파업을 하되 B와 A가 그 지도자가 되어 줄 것.

이러한 조건 아래 타협이 성립된 것이었다.

그 날 밤, A와 B는 교외에 산보를 나갔다. 벌써 저녁때는 꽤 서늘한 절기였다. 달 밝은 밤이었다. 소나무들은 커다란 그림자를 땅 위에 던져 주고 있었다. A와 B는 잠자코 걸었다. 한참 뒤에 A가 먼저 입을 열었다.

"B, 나는 공장을 그만둘까 봐."

"찬성이네."

B는 간단히 대답하였다.

"그리고 시골로 내려갈까 봐."

"찬성이네."

"이즈음 한 주일을 거의 한잠도 못 자면서 생각했는데, 참 못 견디겠어."

"글쎄. 시골을 가도 자네 같은 결벽의 사람에게 만족이 될지 안 될지는 의문이지만, 도회보다야 낫겠지. 가 보게."

말은 또 끊어졌다. 한참 뒤에, 이번은 B가 말을 꺼냈다.

"자네 결벽도 무던하데. 좌우간 도회 —— 더구나 공장 노동자로서는, 그런 결벽을 가지고는 사실 성격까지 파산하겠기에, 그 결벽을 없이 해 볼랴고 나도 꽤 애를 썼지만, 자네 같은 벽창호 결벽가가 이 세상에 있으리라고는 뜻도 못했네. 하느님의 초특작품이데."

A는 적적히 웃었다. 그리고 담배를 꺼내어 B에게 권하였다.

서너 모금 뻐금뻐금 빤 뒤에 A는 또 입을 열었다.

"어머님도 내려오래시고……."

"어머님? 참, 어머님도 자네가 놀아난 것을 눈치채셨지?"

"우리 처가 편지를 한 모양이야. 몹시 걱정하시던데……."

"부인은 나를 원망하겠네그려?"

"왜 안 원망하겠나?"

"하하하하, 나도 못된 놈이지."

B는 적적히 웃었다. A도 따라 적적히 웃었다.

"자네마저 가면 난 적적할세그려."

"피차."

말이 끊어졌다. B의 움직임 없는 한편 쪽 눈에는 그럴싸라 해서 그런지 눈물이 고인 듯하였다. B는 하늘을 우러르며 콧노래를 불렀다.

"네 나이는 열아홉, 나는 벌써 스물셋 —— 까."

그러나 A에게는 이 노래가 몹시 구슬프게 들렸다. A는 기지개를 켜면서 일어섰다.

이튿날 직공들은 공장에 자기네의 조건을 제출하였다. 공장측에서는 한 주일의 유예*를 청하였다. 한 주일 뒤에 가부간 회답을 하겠다는 것이었다. 그 기간이 끝나는 것을 기다리지 못하고 —— 아니, 기다리지 않고 A는 공장을 그만두고 처자를 거느리고 시골로 떠났다.

A가 시골로 내려간 지 두 주일쯤 뒤에 B에게서 편지가 왔다.
그 편지에는 이런 말이 씌어 있었다.

—— (상략) 공장주측에서는 직공측의 요구를 다 승낙하였소. 그러나 직공측에서는 역시 만족해하지 않았소. 왜? 다름이 아니라, 직공측에서는 '동맹 파업'이라는 것을 일종의 유희적 기분으로 기대하고 있었는데, 공장주측에서 모든 조건을 승낙하였으니 '동맹 파업'을 일으킬 구실이 없어지기 때문이오. (중략) 무지의 위에 '외래 사상'을 도금*한 것 —— 이것이 도회 노동자의 모양이외다. 외래 사상을 잘 씹지도 않고 삼켜서 소화불량증에 걸린 딱한 사람들이외다.(하략)

이 편지에 대하여 한 A의 회답에 이런 말이 있었다.

---

* 유예(猶豫) 우물쭈물하며 망설임. 시일을 미루거나 늦춤.
* 도금(鍍金) 녹을 막거나 장식을 하기 위하여 금속 표면에 금이나 은, 니켈 따위의 얇은 막을 입히는 일.

—— (상략) 농촌도 도회 같지는 않으나 소화불량증이 꽤 침입되어 있소. 좋은 의사가 생겨나서 좋은 약을 발명하지 않으면 큰 야단이외다.(하략)

벗기운 대금업자

"여보, 주인……."

하는 소리에 전당국* 주인 삼덕이는 젓가락을 놓고 이편 방으로 나왔습니다. 거기는 험상스럽게 생긴 노동자 한 명이 무슨 커다란 보퉁이를 하나 끼고 서 있었습니다.

"이것 맡고, 일 원만 주오."

"그게 뭐요?"

"내 양복이오. 아직 멀쩡한 새 양복이오."

삼덕이는 보를 받아서 풀어 보았습니다. 양복? 사실 양복이라고밖에는 명명할 수 없는 물건이었습니다. 걸레라 하기에는 너무 무거웠습니다. 옷감이라고 하기에는 벌써 가공을 한 물건이었습니다. 그것은 낡은 스코치 양복인데, 본시는 검은 빛이었던 것 같으나 벌써 흰빛에 가깝게 되었으며, 전체가 속 실이 보이며 팔굽과 무릎은 커다란 구멍이 뚫린 —— 걸레

---

* **전당국**(典當局) 물품, 유가 증권 따위를 담보로 잡고 돈을 꾸어 주는 일을 업으로 삼는 점포. 오늘날 전당포라 부름.

에 가까운 양복이었습니다. 그리고 아무리 높이 보아도 이십 전짜리 이상은 못 될 것이었습니다. 그러나 의리상 삼덕이는 그것을 뒤적여서 안을 보았습니다. 안은 벌써 다 찢어져 없어졌으며, 주머니만 네 개가 늘어져 있었습니다. 이것을 어이없이 잠깐 들여다본 삼덕이는, 그 양복을 다시 싸면서 머리를 흔들었습니다.

"저……다른 집으로 가 보시지요."

"뭐요?"

"다른……."

말을 시작하다가 삼덕이는 중도에 끊어 버렸습니다. 그 손님의 험상궂은 눈이 갑자기 더 빛나기 시작한 때문이었습니다. 손님은 툇마루에 퉁 소리를 내며 걸터앉았습니다.

"여보, 그래 이 집은 전당국이 아니란 말이오?"

"네. 저, 전당국은 전당국이외다만……."

"그래 내 양복이 일 원짜리가 못 된단 말이오?"

"못 될 리가 있습니까?"

"그럼 왜 말이 많아? 아, 그래……."

"가, 가, 가만 계세요. 누가 안 드리겠답니까. 혹은 다른 집에 가면 더 낼 집이 있을까 하고 그랬지요. 드리다 뿐이겠습니까. 기다리십쇼. 곧 내다 드릴게."

삼덕이는 그 자리를 피하여 이편으로 와서 손 철궤를 열어 보았습니다. 그 속에는 단 이십삼 전!

"네, 곧 드리지요."

그는 손님에게 다시 한 번 허리를 굽혀 보이고 안방으로 들어갔습니다.

"여보, 마누라, 돈 팔십 전만 없소?"

"돈은 웬 돈? 무엇에 쓰려우?"

"누가 양복을 잡히려 왔는데 이십 전밖에 없구려. 있으면 좀 주."

"없대두 그런다. 한데 대체 일 원짜리는 되우?"

"되게 말이지."

"정말이오? 당신이 일 원짜리라고 잡은 건 삼십 전짜리가 되는 걸 못 봤구려!"

"잔말 말고 그럼 나가 보구려. 그리고 일 원짜리가 못 되거든 손님을 보내구려."

"내 나가 보지. 웬걸 일 원짜리가 되리."

아내는 혼자말같이 이렇게 보태어 가면서 가겟방으로 나갔습니다. 그러나 세 초가 지나지 못하여 아내는 뛰쳐들어왔습니다.

"여보, 얼른 일 원 줘서 보냅시다."

"일 원짜리가 되겠습니까?"

"되겠기에 말이지. 또 안 되면 할 수 있소? 당신이 이미 작정한 이상에야."

하면서, 아내는 치맛자락을 들고 주머니를 뒤적이다가,

"육십 전밖에는 없구려. 팔십 전에는 안 될까?"

하면서 남편의 얼굴을 쳐다보았습니다.

"글쎄. 내야 일 원으로 작정하고, 이제 뭐라고 깎겠소. 당신 나가 보구려."

"망측해. 주인이 작정한 걸 여편네가 또 뭘라구 깎는단 말이오. ─ 그러니 이십 전이 있어야지."

"철수에게 없을까?"

"글쎄……."

이리하여 그들의 아들 철수에게 교과서 사라고 주었던 돈까지 도로 얼러서 거두어 십 분이 넘어 지나서야 동전 각전 합하여 일 원이란 돈을 쥐고, 절벅절벅하면서 손을 비비며 가게로 나왔습니다.

"참, 너무 오래 기다리셔서…… 돈은 은행에 찾으러 보내느라고……한

데 주소는 어디세요?"

"표지는 일없소. 당신 마음대로, 오늘로라도 남겨서 팔우."

하고, 손님은 돈을 받아 쥔 뒤에 한 번 기지개를 하고 나가 버렸습니다. 그 뒷모양을 바라보면서 삼덕이는 기운 없이 한숨을 쉬었습니다.

"오늘도 또 일 원 손해났다."

삼덕이가 여기서 전당국을 시작한 것은 벌써 오 년 전이었습니다. 시골 농가의 둘째 아들로 태어난 그는, 집 한 채 밑천과 그 밖에 장사 밑천으로 천 원이란 돈을 물려 가지고 서울로 올라와서 이리저리 자기가 이제 하여 나갈 영업을 구하다가, 마침내 이 세민촌*에 전당국을 시작하기로 한 것이었습니다. 그의 머리가 생각되는 것 생각하고, 몇 번을 주판을 놓아 본 결과 그 중 안전하고 밑질 근심이 없는 영업이 이 전당국이었습니다. 그것도 많은 밑천이면야, 단 천 원으로 전당국을 서울서 시작하려면 이런 세민촌에 자리를 잡지 않을 수가 없었습니다. 오 전짜리부터 이 원짜리까지 이러한 표준 아래서 그는 영업을 시작하였습니다.

그러나 일 년 뒤에 결산하여 본 결과는 그는 뜻밖에도 이백여 원이란 손해를 보았습니다. 삼 년 뒤에는 그의 밑천 다 없어지고, 집조차 어떤 음침한 고리대금업자의 손에 저당으로 들어갔습니다. 사 년째는 제 이 저당, 지금은 제삼 저당 —— 이렇듯 나날이, 다달이 밑천은 줄어들어가는 반대로 유질품*은 산더미같이 쌓였습니다. 그리고 또 그 유질품이란 것이 어찌된 셈인지 처분할 때마다 그는 원금의 삼분의 일밖에는 거두지를 못하였습니다.

비교적 마음이 순진하리라 생각하였던 세민굴의 사람들은 그의 상상 이상으로 영리하였습니다. 그들은 진당국을 속이기에 온갖 수단을 다 썼

---

* 세민촌(細民村) 가난한 사람들이 모여 사는 마을.
* 유질품(流質品) 어떤 사람이 빚을 지고 기한이 지나도록 갚지 못했을 경우, 돈이나 물건을 빌려 준 사람이 그에 대한 대가로 충당하는 물품.

습니다. 어떤 때는 사내가 와서 눈을 부릅뜨고 전당을 잡혀 갔습니다. 어떤 때는 여편네를 보내서, 눈물을 흘려 가면서 애원하였습니다. 사내의 호통에는 삼덕이는 물건을 검사하여 볼 여유도 없이 질겁하여 달라는 대로 주었습니다. 여편네의 눈물에는, 그는 때때로 달라는 이상의 돈까지 주어 보냈습니다. 사흘 뒤에는 꼭 도로 찾아간다. 혹은 이것은 우리 집안의 대대로 물려 내려오는 물건이다. 이런 말을 모두 그대로 믿는 바는 아니었지만 —— 그리고 한 가지의 일을 겪을 때마다 이 뒤에는 마음을 굳게 먹으리라고 단단히 결심을 하지만 급기야 그런 일을 만나기만 하면 그는 또다시 약한 사람이 되고 하였습니다. 이리하여 오개 년 동안 그 부근의 세민들에게 착취를 당한 그는, 지금 쓰고 있는 이 집조차 얼마 후에는 공매*를 당하게 될 가련한 경우에 빠지게 되었습니다. 그 일 원짜리 양복을 잡은 이튿날 삼덕이는 유질된 몇 가지의 물건을 커다란 보자기에 싸서 지고, 늘 거래하는 고물상으로 찾아갔습니다.

"이것 좀 사 주."

그는 가게에 짐를 벗어 놓고 땀을 씻었습니다. 고물상은 솜씨 익은 태도로 보를 풀어 헤치고 물건을 하나씩 하나씩 보기 시작하였습니다.

"어이구! 이게 뭐요? 고무신, 합비, 깨진 바가지, 학생 외투 —— 가만, 이 학생 외투는 그다지 낡지 않았군 —— 구두, 모자, 이불 —— 김 주사가 가지고 오는 물건은 하나도 변변한 게 없어."

"좌우간 잘 값을 해서 주구려."

"잘해야 그렇지. 대체 원금이 얼마나 든 거요."

"원금이라……."

"삼덕이는 주머니를 뒤적여서 종이 조각을 하나 꺼내었습니다."

"원금이 이십칠 원 팔십 전이 든 건데……."

---

* 공매(公賣) 압류한 재산이나 물건 따위를 경매나 입찰 등을 통해 일반에게 공개하여 팖.

"내일 또 만납시다. 김 주사도 농담을 할 줄 알거든."

"대체 얼마나 줄 테요?"

고물상은 주판을 끌어당겼습니다.

"그 학생 외투는 이것……."

하면서, 이 원이라고 주판을 놓았습니다. 그리고 한 가지 물건을 옮겨 놓을 때마다 이십 전 혹은 사십 전씩 가하여 나가서 마지막에 십 원 이십삼 전이라 하는 숫자가 나타났습니다.

"십 원 이십삼 전. 에라, 김 주사 낯을 봐서 십 원 오십 전만 드리지."

"십오 원만 주구려."

"어림없는 말씀 마오. 십오 원을 드렸다가는 내가 패가 하게. 값은 이 이상 더 놓을 수가 없으니깐, 마음에 안 맞거든 이 다음에나 다시 만납시다."

"그러니 내가 억울하지 않소? 원금만 해도 이십칠 원 각수가 든 것을 단돈 십 원이 뭐요?"

"그거야 김 주사가 잘못 잡은 걸 뉘 탓할 게 있소?"

"그렇지만 조금만 더 놓구려."

"여러 말씀할 것 없이 다른 집에 한 바퀴 돌아 보구려. 나보담 동전 한 푼이라도 더 놓는 놈이 있다면 내 모가질 드리리다. 특별히 놔 드려 두……."

삼덕이는 기다랗게 한숨을 쉬었습니다. 그리고 얼굴이 별하게 싱거워지면서 다시 보를 싸 가지고 그 집을 나왔습니다. 그러나 두 시간쯤 뒤에 그는 다시 그 집에 들어갔습니다. 그리고 그 집에서 나올 때는 아까 들어갈 때 지고 있던 짐은 없어졌으며, 그 대신 그의 주머니 속에는 십 원 오십 전이라는 돈이 들어 있었습니다. 어떤 날 삼덕이가 가게에 앉아 있을 때에, 어떤 아이 업은 여인이 들어왔습니다.

"응, 울지 마라. 이것 좀 보시고 얼마든 주세요."

여인은 업은 아이를 어르며 무슨 보퉁이를 하나 내놓았습니다. 그 속에는 낡은 합비 하나와 고무신 한 켤레가 있었습니다.

"얼마나 쓰시려우?"

"오 — 십 — 전 — 만……."

여인은 말을 마치지를 못 하였습니다.

"오십 전? 오 전 말씀이지요? 두 냥 반."

"아냐요, 스물 닷 냥 말씀예요. 부끄러운 말씀이외다만, 애 아버지가 공장에서 손을 다치셔서 보름째 일을 못하는데 —— 저흰 요 앞에 삽니다. 어쩔 도리가 있습니까. 그래서 나리께나 사정을 해 볼까 하고 왔는데, 물건을 보시고 주는 게 아니라 사람 한 식구 살리는 줄 알고 주세요. 애 아버지가 공장에 다니게만 되면 그 날루 찾아갈 테니, 한 식구 살리는 줄 아시구……."

아직껏 우두커니 여인의 웅변*으로 듣고 있던 삼덕이는 휙 돌아앉아 버렸다.

"그러니 이걸로야 오십 전이 되겠소?"

"그저 사람 살리는 줄 아시고……."

삼덕이는 증오에 불붙는 눈을 여인의 얼굴에 부었습니다. 그리고 성가신 듯이 오십 전짜리 은전을 한 닢 꺼내어 던져 주었습니다. 여인은 이 은혜는 죽어도 잊지 못하겠다고 뇌면서 나갔습니다. 지금 그 여인의 하소연이 열의 아홉은 거짓말임을 삼덕이는 뻔히 알고 있었습니다. 그러나 급기야 그런 일에 다 닥치면 또한 거절할 만한 재능을 가지고 있지 못한 삼덕이였습니다. 가을이 되었습니다.

어떤 날, 문이 기운 세게 열리며 학생 하나가 쑥 들어섰습니다.

"이거 내주우."

---

* 웅변(雄辯) 청중을 감동시킬 수 있는 조리 있고 힘차게 하는 거침없는 변설.

삼덕이는 학생이 내놓은 표지를 받아서 보았습니다. 그것은 벌써 두 달 전에 유질되어 고물상에 팔아 버린 그 학생 외투의 표지였습니다.

"이건 벌써 유질되었습니다."

"유질이란? 지금이 입을 철이 아니요?"

"철은 여하코 기한이 두 달 전인 것은 아시겠지요?"

"여보, 두 달 전이면 아직 더울 때가 아니요? 더울 때 외투 입는 미친 놈이 어디 있단 말이오? 지금이 외투철이길래 찾으러 왔는데, 유질이 무슨 당치 않은 소리요?"

"그럼, 왜 기한에 이자라도 안 물었소?"

"흥, 별소릴 다 하네. 난 학생이야. 이놈의 집에선 학생도 몰라 보나? 봅시다. 흥! 흥!"

학생은 두어 번 코웃음을 친 뒤에 나갔습니다. 이튿날 삼덕이는 호출로 말미암아 경찰서 인사 상담계에 가게 되었습니다.

"자네가 학생 외투를 전당잡았다가 팔아먹었나?"

"네."

"왜 팔아먹어?"

"기한이 넘어도 아무 말도 없고, 그러기에 고만……."

"기한 기한 하니, 그래 자네는 그 기한을 먹고 사나? 여느 사람과 달라서 학생은 학사 문제로 늘 곤란을 받는 사람들이니깐 외투 철기까지나 기다려 보구 팔 게지, 기한이 지났다고 그 이튿날로 팔아 버리는 건 너무 대금업자 곤조*가 아니냐 말야!"

"지당하신 말씀이옵시다."

"지당만 하면 될 줄 아나?"

"황공하옵니다."

---

* 곤조 '근성'의 일본말.

"못난 녀석! 지당하다, 황공하다. 누가 자네한테 그런 소릴 듣자고 예까지 부른 줄 아나! 그래 어찌하겠느냐 말이야?"

"그저 처분만 해 주십시오, 처분대로 받지요."

"그 외투를 어디다가 팔았어?"

"××정 ○○고물상이올시다."

"아직 그 집에 있겠지?"

"아마 있겠지요."

"얼마나 잡아서 얼마에 팔았나?"

"일 원 구십 전에 잡아서 이 원에 팔았습니다."

"그럼 내 말을 들어."

"네."

"그 학생은 그 사이 여섯 달 이자까지 갚겠다니깐 아마 이 원 오십 전이야 주겠지. 그 돈으로 그 고물상에 가서 그 외투를 다시 사서 학생을 도로 내어 주란 말이야!"

"처분대로 합지요."

"오늘 저녁 안으로 도로 외투를 물려 오지 않으면 잡아 가둘 테야!"

"네, 황공합니다."

이리하여 땀을 우쩍 빼고 그는 경찰서를 나왔습니다.

그 날 오후, 그는 그 고물상과 한 시간 넘어를 담판하고 애걸한 결과 그 외투를 삼 원이라는 값에 도로 사기로 하였습니다. 그리고 원금 이십 원어치 유질품을 지고 가서, 그 외투로 현금 십사 원 각수를 찾아 가지고 집으로 돌아왔습니다.

이튿날 ××신문 잡보난에 '사집행한 전당업자' 라는 제목 아래 이런 기사가 났습니다.

시내 ○○정 ××번지에서 전당업을 하는 김삼덕은 어떤 학생에게 사소한 금전을 대부*하였던 것을 기화로 그 학생의 외투 십칠여 원짜리를 사집행하였던 일이 피해자의 고소로 탄로되어 ××서에 인치*되어 엄중한 취조*를 받았다더라.

이 기사를 보고도 삼덕이는 성도 못 냈습니다. 너무 온갖 걱정과 고생에 시달린 그는, 지금은 모든 일을 되는 대로 내버려 두자는 커다란 천리를 깨달은 때문이었다.

겨울이 이르렀습니다. 이제는 밑천이 없어서 새로 잡을 물건은 잡지를 못 하고 유질품은 거의 처분하여 버린 그의 전당국은 마치 빈 집과 같았습니다. 그는 아내의 얼굴을 보지 않으려고 하였습니다. 아내는 그의 얼굴을 안 보려 하였습니다. 서로 만나면 걱정을 안 할 수 없고, 걱정하여야 활로를 발견할 수 없는 그들은, 서로 얼굴을 보지 않는 것으로 얼마의 근심이라도 덜어졌거니 하였습니다. 어떻게 마주 앉을 기회가 생길지라도 그들은 서로 말을 하기를 피하려 하였습니다. 그러나 정 무거운 가슴을 참을 수가 없으면 먼저 한숨을 쉽니다.

"여보, 어쩌려우?"

아내가 먼저 남편을 찾습니다.

"내가 알겠소? 설마 사람이 굶어야 죽으리."

"에이, 딱해……."

아내는 팔을 오들오들 떱니다. 그러면 귀찮은 듯이 못 본 체하고 한참 위만 쳐다보고 있던 남편은 허허허 하고 너털웃음을 웃으며 번뜻 자빠져 버립니다. —— 이것이 이즈음의 그들의 살림이었습니다.

---

* 대부(貸付) 이자나 기한을 정하여 돈을 꾸어 주거나 어떤 물건을 돌려 받기로 하고 남에게 빌려 주는 행위.
* 인치(引致) 사람을 억지로 끌어 내거나 끌어 오는 일.
* 취조(取調) 범죄 사실을 알아 내기 위하여 속속들이 조사함.

음력 섣달이 거의 가서 그들의 집은 마침내 공매를 당하였습니다. 그 삼사 일 뒤에 ××신문에는 커다랗게 이런 기사가 났습니다.

연말이 가까워 오면서 채귀에게 시달리는 여러 가지 비극이 많이 일어나는 가운데, 채귀가 채귀에게 시달려 유랑의 길을 떠나게 된 사건이 있어 일부 사회의 이야깃거리가 되었으니, 그 자세한 내용을 듣건대 시내 ○○정 ××번지에서 전당국을 경영하던 김삼덕은 본시 ×× 출생으로, ○○정의 빈민굴 가운데 전당국을 개업하고 온갖 포악한 일을 다하여 무산자의 피를 빨아서 호화로운 생활을 하고 있었는데, 그 호화로움이 과하여 마지막에는 그 사이 모았던 재산 전부를 화류계에 낭비하고도 부족하여, 무산자의 입질물까지 임으로 처분하여 많은 말썽을 일으키던 가운데, 마침내 인과응보*로서 그 십칠일에 재산 전부를 다른 채권자에게 차압 공매된 바 되어 마침내 유랑의 길을 떠났는데, 일부 사회에서는 그것을 몹시 통쾌해 여긴다더라.

그로부터 한 달, 각 직업 소개소며 공장으로, 집안의 몇 식구를 행여나 살려 볼 방도가 생길까 하고, 삼덕이는 눈이 벌겋게 되어 돌아다녔습니다. 그러나 말세에 태어난 슬픔을 맛볼 뿐, 한 가지의 직업도 그를 받아 주지 않았습니다. 이리하여, 또 한 달이 지난 뒤에, 위로는 채권자에게, 아래로는 프롤레타리아*에게 여지없이 착취를 당한 이 소시민의 한 사람은(그들과 같은 계급의 사람들이 같은 경로를 밟아서 행한 일의 뒤를 좇아서) 마침내 온 가족을 거느리고 사랑하는 고국을 등지고 만주를 향하여 유랑의 길을 떠났습니다.

* 인과응보(因果應報) 사람이 짓는 선악의 인업에 따라서 뒷날 길흉화복의 갚음을 받게 됨.
* 프롤레타리아 자본주의 사회에서, 생산 수단을 가지지 않고 자신의 노동력을 자본가에게 팔아서 생활하는 노동자.

부록

작가와 작품 스터디

● 김동인 (1900~1951, 호는 금동 · 춘사)

 김동인은 평안 남도 평양에서 태어났다. 1914년 일본으로 건너가 도쿄 메이지 학원과 가와바타 미술 학교에서 공부했다. 1919년, 도쿄에서 주요한, 전영택, 김환 등과 우리 나라 최초의 문예 동인지인 〈창조〉를 창간하여, 거기에 첫 단편 소설 〈약한 자의 슬픔〉을 발표했다.

귀국 후에는 본격적인 작품 활동에 들어가, 〈목숨〉, 〈배따라기〉, 〈명문〉, 〈감자〉 등의 뛰어난 작품을 잇따라 발표했다. 그는 당시 이광수 등이 추구했던 계몽주의적인 경향의 작품들을 비판하고, 문학의 예술성과 순수성을 추구하고자 노력했다. 때문에 이상적인 주인공이 등장하는 계몽주의 소설과는 달리, 그의 소설 속에 등장하는 주인공들은 비열하고 추악한 인간의 본성을 그대로 드러내고 있다.

한때 사업과 결혼에 실패하고 방탕한 생활을 했으나, 다시 창작에 힘써 1929년 최초의 장편 역사 소설 〈젊은 그들〉을 〈동아 일보〉에 연재했다. 또, 장편 〈대평행〉을 〈중외 일보〉에 연재하는 한편, 〈근대 소설고〉를 발표하면서 그의 문학 세계는 그 깊이와 폭을 더해 갔다.

1930년대 초에는 〈광염 소나타〉, 〈광화사〉, 〈발가락이 닮았다〉, 〈붉은 산〉, 〈적막한 저녁〉과 같은 역작을 발표했으며, 1934년에는 유명한 평론집 〈춘원 연구〉를 내놓았다.

광복 후 1946년, 새로운 결심으로 장편 〈을지문덕〉을 연재하다가 뇌막염으로 중단했고, 6 · 25 전쟁 중 가족이 피난간 사이에 사망했다.

김동인은 자연주의 문학을 확립하고, 본격적인 단편 소설의 기반을 세워, 우리 나라 신문학사상 가장 선구적인 소설가의 한 사람으로 꼽히고 있다. 그의 문학과 업적을 기리기 위하여 '동인 문학상'이 제정되었다.

● **배따라기**   소설의 화자인 '나'는 어느 화창한 봄날 대동강으로 뱃놀이를 나갔다가 '배따라기'를 부르는 '그'를 만나, 그로부터 기구한 사연을 듣게 된다. 의처증이 있어 평소부터 자신의 아내와 아우 사이를 의심하던 그는, 어느 날 방 안에서 흐트러진 옷차림으로 있는 두 사람을 목격하고 자신의 의심이 사실이었다고 확신한다. 그의 학대에 아내는 결국 바다에 빠져 자살하고 아우는 고향을 떠난다. 그는 자신의 잘못을 뉘우치고 아우를 찾아 정처 없이 떠돌다가 기적처럼 아우를 만나게 되는데, 아우는 그를 남겨 두고 다시 방랑의 길에 오른다.

● **약한 자의 슬픔**   어려서 고아가 되어 가난하게 자란 강 엘리자베트는 K남작의 집에 살면서 가정 교사로 일하고 있다. 그녀는 친구 S의 외사촌 오빠이며 H의숙에 다니는 이환을 마음 속으로 짝사랑하지만 용기가 없어 고백하지 못하던 중, K남작에게 정조를 잃고 임신을 하게 된다. 남작의 집에서 쫓겨난 그녀는 자신의 처지가 억울하여 소송을 하지만, 재판에서 패소하고 그 충격으로 아이마저 유산하게 된다. 핏덩이를 손에 쥔 엘리자베트는 참사랑에서 우러나는 '강함'을 지니고 살리라 다짐한다.

● **광염 소나타**   이 작품은 음악 평론가 K가 백성수라는 광기 어린 예술가의 삶을 사회 교화자 모씨에게 전하는 형식으로 되어 있다. 주인공 백성수는 악상을 떠올리게 해 줄 자극을 얻기 위해 방화, 사체 모욕, 살인 등의 범죄를 저지른다. K는 예술을 위해서라면 범죄조차도 용납될 수 있다는 말로 백성수를 옹호하면서 이야기의 끝을 맺는다.

● **벗기운 대금업자**   전당국 주인 삼덕이는 인정 많고 어리숙하여 가게 문을 연 이래, 계속해서 빚만 져 오고 있다. 위로는 채권자에게 시달리고 아래로는 프롤레타리아에게 착취당했던 것이다. 그리하여 이 소시민은 사랑하는 고국을 등지고 만주를 향하여 유랑의 길에 오른다.

논술 가이드

〈배따라기〉의 한 대목입니다. 제시문을 읽고 다음 문제에 답하시오.
[문항 1]

> 　나는 이러한 아름다운 봄 경치에 이렇게 마음껏 봄의 속삭임을 들을 때는 언제든 유토피아를 아니 생각할 수 없다. 우리가 시시각각으로 애를 쓰며 수고하는 것은 —— 그 목적은 무엇인가? 역시 유토피아 건설에 있지 않을까? 유토피아를 생각할 때는 언제든 그 '위대한 인격의 소유자' 며 '사람의 위대함을 끝까지 즐긴' 진나라 시황을 생각지 않을 수 없다.

(1) 일반적으로 진시황은 독재자로 잘 알려져 있습니다. 그런 진시황에 대해 '나' 는 위와 같은 평을 내리고 있습니다. 이 대목을 통해 엿볼 수 있는 작가의 예술관에 대해 생각해 봅시다.

----

(2) 〈배따라기〉는 오해로 인해 비극을 맞는 한 가족의 이야기를 담고 있는데, 이 오해는 등장 인물의 성격과도 커다란 관계가 있습니다. 소설 속 인물의 성격을 알아보고, 그 특징을 적어 봅시다.

인물	성격
형	
아우	
형수	

〈약한 자의 슬픔〉의 마지막 대목입니다. 제시문을 읽고 다음 문제에 답하시오.

[문항 2]

> '내가 너희에게 새 계명을 주노니 사랑하라.' (그는 기쁨으로 눈에 빛을 내었다.) 그렇다! 강함을 배는 태는 사랑! 강함을 낳는 자는 사랑! 사랑은 강함을 낳고, 강함은 모든 아름다움을 낳는다. 여기 강하여지고 싶은 자는……아름다움을 보고 싶은 자는……삶의 진리를 알고 싶은 자는 다 참사랑을 알아야 한다.
>
> 만약 참강한 자가 되려면은? 사랑 안에서 살아야 한다. 우주에 널려 있는 사랑, 자연에 퍼져 있는 사랑, 천진난만한 어린아이의 사랑!
>
> "그렇다! 내 앞길의 기초는 이 사랑!"
>
> 그는 이불을 차고 벌떡 일어나 앉았다. 그의 앞에는 끝없는 넓은 세계가 벌여 있었다. 누리에 눌리어 살던 그는 지금은 그 위에 올라섰다. 그의 입에는 온 우주를 쳐누른 기쁨의 웃음이 떠올랐다.

(1) 위 대목을 참고로 하여 주인공 엘리자베트가 예전에는 어떠한 사고관을 가지고 있었으며, 앞으로는 어떠한 자세로 세상을 살아나가게 될 것인지 생각해 봅시다.

----

(2) 위 대목을 토대로 하여 이 작품 전체의 주제가 무엇인지 파악해 봅시다.

〈광염 소나타〉의 두 대목입니다. 제시문을 읽고 다음 문제에 답하시오.

[문항 3]

이 때부터의 그의 숨소리가 차차 높아 가기 시작했습니다. 씩씩거리며 몹시 흥분된 사람같이 몸을 떨다가 벼락같이 양손을 키 위에 갖다가 덮었습니다. 그 다음 순간 C샤프 단음계의 알레그로가 시작되었습니다.

처음에는 다만 흥미로써 그의 모양을 엿보고 있던 나는 그 알레그로가 울리어 나오는 순간 마음은 끝까지 긴장되고 몹시 흥분되었습니다.

방화? 살인? 변변치 않은 집개, 변변치 않은 사람개는 그의 예술의 하나가 산출되는 데 희생하라면 결코 아깝지 않습니다. 천 년에 한번, 만 년에 한번 날지 못 날지 모르는 큰 천재를, 몇 개의 변변치 않은 범죄를 구실로 이 세상에서 없이하여 버린다 하는 것은 더 큰 죄악이 아닐까요. 적어도 우리 예술가에게는 그렇게 생각됩니다.

---

(1) 첫번째 글에서 백성수는 불을 지른 다음 예배당으로 들어가 연주를 합니다. 일반적으로 '예배당' 하면 떠오르는 이미지를 그려 보고, 작자가 백성수의 연주 공간으로 예배당을 설정한 이유를 추측해 봅시다.

----

(2) 두 번째 글은 이 작품의 마지막 부분입니다. 예술을 바라보는 K의 시각에 대한 자신의 생각을 논술해 봅시다.

〈배회〉의 두 대목입니다. 제시문을 읽고 다음 문제에 답하시오.

[문항 4]

> "그리고 시골로 내려갈까 봐."
> "찬성이네."
> "이즈음 한 주일을 거의 한잠도 못 자고 생각했는데 참 못 견디겠어."
> "글쎄. 시골로 가도 자네 같은 결벽의 사람에게 만족이 될지 안될지는 의문이지만, 도회보다야 낫겠지. 가 보게."

> 공장측에서는 직공측의 요구를 다 승낙하였소. 그러나 직공측에서는 역시 만족해하지 않았소. 왜? 다름이 아니라, 직공측에서는 '동맹 파업'이라는 것을 일종의 유희적 기분으로 기대하고 있었는데, 공장주측에서 모든 조건을 승낙하니 '동맹 파업'을 일으킬 구실이 없어지기 때문이오.
> 무지의 위에 '외래 사상'을 도금한 것 — 이것이 도회 노동자의 모양이외다. 외래 사상을 잘 씹지도 않고 삼켜서 소화 불량증에 걸린 딱한 사람들이외다.

(1) 첫번째 글에서 이 작품의 주인공 A는 시골로 내려갈 것을 결심하고 있습니다. 그가 이러한 결심을 내린 이유는 무엇 때문이었나요?

---

(2) 이 작품에는 세 가지 유형의 사람이 등장합니다. 주인공 A, 주인공의 동료 B, 그리고 위의 두 번째 글에 실린 도회의 일반 노동자들입니다. 이들은 각각 어떠한 유형의 사람인지 분석해 봅시다.

〈베스트 논술 한국대표문학〉(전60권) 목록

권별	작품	작가
1	무정 I	이광수
2	무정 II	이광수
3	무명 · 꿈 · 옥수수 · 할멈	이광수
4	감자 · 시골 황 서방 · 광화사 · 붉은 산 · 김연실전 외	김동인
5	발가락이 닮았다 · 왕부의 낙조 · 전제자 · 명문 외	김동인
6	배따라기 · 약한 자의 슬픔 · 광염 소나타 외	김동인
7	B사감과 러브레터 · 서투른 도적 · 술 권하는 사회 · 빈처 외	현진건
8	운수 좋은 날 · 까막잡기 · 연애의 청산 · 정조와 약가 외	현진건
9	벙어리 삼룡이 · 뽕 · 젊은이의 시절 · 행랑 자식 외	나도향
10	물레방아 · 꿈 · 계집 하인 · 별을 안거든 우지나 말 걸 외	나도향
11	상록수 I	심훈
12	상록수 II	심훈
13	탈출 · 황공의 최후 / 적빈 · 꺼래이 · 혼명에서 외	심훈 / 백신애
14	태평 천하	채만식
15	레디메이드 인생 · 순공 있는 일요일 · 쑥국새 외	채만식
16	명일 · 미스터 방 · 민족의 죄인 · 병이 낫거든 외	채만식
17	동백꽃 · 산골 나그네 · 노다지 · 총각과 맹꽁이 외	김유정
18	금 따는 콩밭 · 봄봄 · 따라지 · 소낙비 · 만무방 외	김유정
19	백치 아다다 · 마부 · 병풍에 그린 닭이 · 신기루 외	계용묵
20	표본실의 청개구리 · 두 파산 · 이사 외 / 모범 경작생	염상섭 / 박영준
21	탈출기 · 홍염 · 고국 · 그믐밤 · 폭군 · 박돌의 죽음 외	최서해
22	메밀꽃 필 무렵 · 낙엽기 · 돈 · 석류 · 들 · 수탉 외	이효석
23	분녀 · 개살구 · 산 · 오리온과 능금 · 가을과 산양 외	이효석
24	무녀도 · 역마 · 까치 소리 · 화랑의 후예 · 등신불 외	김동리
25	하수도 공사 / 지맥 / 그 날의 햇빛은 · 갈가마귀 그 소리	박화성 / 최정희 / 손소희
26	지하촌 · 소금 · 원고료 이백 원 외 / 경희	강경애 / 나혜석
27	제3인간형 / 제일과 제일장 외 / 사랑 손님과 어머니 외	안수길 / 이무영 / 주요섭
28	날개 · 오감도 · 지주 회시 · 환시기 · 실화 · 권태 외	이상
29	봉별기 · 종생기 · 조춘점묘 · 지도의 암실 · 추등잡필	이상
30	화수분 외 / 김 강사와 T교수 · 창랑 정기 / 성황당	전영택 / 유진오 / 정비석

권별	작품	작가
31	민촌 / 해방 전후 · 달밤 외 / 과도기 · 강아지	이기영 / 이태준 / 한설야
32	소설가 구보씨의 일일 / 장삼이사 · 비오는 길 / 석공 조합 대표 / 낙동강 · 농촌 사람들 · 저기압	박태원 / 최명익 송영 / 조명희
33	모래톱 이야기 · 사하촌 외 / 갯마을 / 혈맥 / 전황당인보기	김정한 / 오영수 / 김영수 / 정한숙
34	바비도 외 / 요한 시집 / 젊은 느티나무 외 / 실비명 외	김성한 / 장용학 / 강신재 / 김이석
35	잉여 인간 / 불꽃 / 꺼삐딴 리 · 사수 / 연기된 재판	손창섭 / 선우휘 / 전광용 / 유주현
36	탈향 외 / 수난 이대 외 / 유예 / 오발탄 외 / 4월의 끝	이호철 / 하근찬 / 오상원 / 이범선 / 한수산
37	총독의 소리 / 유형의 땅 / 세례 요한의 돌	최인훈 / 조정래 / 정을병
38	어둠의 혼 / 개미귀신 / 무진 기행 · 서울 1964년 겨울 외	김원일 / 이외수 / 김승옥
39	뫼비우스의 띠 / 악령 / 식구 관촌 수필 / 기억 속의 들꽃 / 젊은 날의 초상	조세희 / 김주영 / 박범신 이문구 / 윤흥길 / 이문열
40	김소월 시집	김소월
41	윤동주 시집	윤동주
42	한용운 시집	한용운
43	한국 고전 시가와 수필	유리왕 외
44	한국 대표 수필선	김진섭 외
45	한국 대표 시조선	이규보 외
46	한국 대표 시선	최남선 외
47	혈의 누 · 모란봉	이인직
48	귀의 성	이인직
49	금수 회의록 · 공진회 / 추월색	안국선 / 최찬식
50	자유종 · 구마검 / 애국부인전 / 꿈하늘	이해조 / 장지연 / 신채호
51	삼국유사	일연
52	금오신화 / 홍길동전 / 임진록	김시습 / 허균 / 작자 미상
53	인현왕후전 / 계축일기	작자 미상
54	난중일기	이순신
55	흥부전 / 장화홍련전 / 토끼전 / 배비장전	작자 미상
56	춘향전 / 심청전 / 박씨전	작자 미상
57	구운몽 · 사씨 남정기	김만중
58	한중록	혜경궁 홍씨
59	열하일기	박지원
60	목민심서	정약용

〈베스트 논술 한국대표문학〉에 실린 소설과 교과서 대조표

* 〈베스트 논술 한국대표문학〉에 실린 소설과 현행 국어·문학 18종 교과서의 수록 내용을 비교·분석하였다.

● 초등 학교 교과서(국어)

금오신화, 구운몽, 심청전,
흥부전, 토끼전, 박씨전,
장화홍련전, 홍길동전

● 국정 교과서

작품	작가	교과목
고향	현진건	고등 학교 문법
동백꽃	김유정	중학교 국어 2-1, 중학교 국어 3-1
벙어리 삼룡이	나도향	중학교 국어 1-1
봄봄	김유정	고등 학교 국어(상)
사랑 손님과 어머니	주요섭	중학교 국어 2-1
오발탄	이범선	중학교 국어 3-1
운수 좋은 날	현진건	중학교 국어 3-1

● 고등 학교 문학 교과서

작품	작품	출판사
감자	김동인	교학, 지학, 디딤돌, 상문
갯마을	오영수	문원, 형설
고향	현진건	두산, 지학, 청문, 중앙, 교학, 문원, 민중, 블랙, 디딤돌
관촌 수필	이문구	지학, 문원, 블랙
광염 소나타	김동인	천재, 태성

금 따는 콩밭	김유정	중앙
금수회의록	안국선	지학, 문원, 블랙, 교학, 대한, 태성, 청문, 디딤돌
김 강사와 T교수	유진오	중앙
까마귀	이태준	민중
꺼삐딴 리	전광용	지학, 중앙, 두산, 블랙, 디딤돌, 천재, 케이스
날개	이상	문원, 교학, 중앙, 민중, 천재, 형설, 청문, 태성, 케이스
논 이야기	채만식	두산, 상문, 중앙, 교학
닳아지는 살들	이호철	천재, 청문
동백꽃	김유정	금성, 두산, 블랙, 교학, 상문, 중앙, 지학, 태성, 형설, 디딤돌, 케이스
두 파산	염상섭	문원, 상문, 천재, 교학
등신불	김동리	중앙, 두산
만무방	김유정	민중, 천재, 두산
메밀꽃 필 무렵	이효석	금성, 상문, 중앙, 교학, 문원, 민중, 블랙, 디딤돌, 지학, 청문, 천재, 케이스
모래톱 이야기	김정한	디딤돌, 교학, 문원
모범경작생	박영준	중앙
뫼비우스의 띠	조세희	두산, 블랙
무녀도	김동리	천재, 지학, 청문, 금성, 문원, 민중, 케이스

작품	작가	출판사
무정	이광수	디딤돌, 금성, 두산, 교학, 한교
무진기행	김승옥	두산, 천재, 태성, 교학, 문원, 민중, 케이스
바비도	김성한	민중, 상문
배따라기	김동인	상문, 형설, 중앙
벙어리 삼룡이	나도향	민중
복덕방	이태준	블랙, 교학
봄봄	김유정	디딤돌, 문원
붉은 산	김동인	중앙
B사감과 러브레터	현진건	교학
사랑 손님과 어머니	주요섭	중앙, 디딤돌, 민중, 상문
사수	전광용	두산
사하촌	김정한	중앙, 문원, 민중
산	이효석	문원, 형설
서울, 1964년 겨울	김승옥	문원, 블랙, 천재, 교학, 지학, 중앙
성황당	정비석	형설
소설가 구보씨의 일일	박태원	중앙, 천재, 교학, 대한, 형설, 문원, 민중
수난 이대	하근찬	교학, 지학, 중앙, 문원, 민중, 디딤돌, 케이스
애국부인전	장지연	지학, 한교
어둠의 혼	김원일	천재
역마	김동리	교학, 두산, 천재, 태성, 형설, 상문, 디딤돌

역사	김승옥	중앙
오발탄	이범선	교학, 중앙, 금성, 두산
요한 시집	장용학	교학
운수 좋은 날	현진건	금성, 문원, 천재, 지학, 민중, 두산, 디딤돌, 케이스
유예	오상원	블랙, 천재, 중앙, 교학, 디딤돌, 민중
자유종	이해조	지학, 한교
장삼이사	최명익	천재
전황당인보기	정한숙	중앙
젊은 날의 초상	이문열	지학
젊은 느티나무	강신재	블랙, 중앙, 문원, 상문
제일과 제일장	이무영	중앙
치숙	채만식	문원, 청문, 중앙, 민중, 상문, 케이스
탈출기	최서해	형설, 두산, 민중
탈향	이호철	케이스
태평 천하	채만식	지학, 금성, 블랙, 교학, 형설, 태성, 디딤돌
표본실의 청개구리	염상섭	금성
학마을 사람들	이범선	민중
할머니의 죽음	현진건	중앙
해방 전후	이태준	천재
혈의 누	이인직	천재, 금성, 민중, 교학, 태성, 청문
홍염	최서해	상문, 지학, 금성, 두산, 케이스
화수분	전영택	태성, 중앙, 디딤돌, 블랙

〈베스트 논술 한국대표문학〉에 실린 시와 교과서 대조표

* 〈베스트 논술 한국대표문학〉에 실린 시와 현행 국어 · 문학 18종 교과서의 수록 내용을 비교 · 분석하였다.

작품	작가	출판사	작품	작가	출판사
가는 길	김소월	지학, 블랙, 민중	남으로 창을 내겠소	김상용	지학, 한교, 상문
가을의 기도	김현승	블랙	내 마음은	김동명	중앙, 상문
겨울 바다	김남조	지학	내 마음을 아실 이	김영랑	한교
고향	백석	형설	농무	신경림	지학, 디딤, 금성, 블랙, 교학, 형설, 청문
국경의 밤	김동환	지학, 천재, 금성, 블랙, 태성	누가 하늘을 보았다 하는가	신동엽	두산
국화 옆에서	서정주	민중			
귀천	천상병	지학, 디딤돌	눈길	고은	문원
귀촉도	서정주	지학	님의 침묵	한용운	지학, 천재, 두산, 교학, 민중, 한교, 태성, 디딤돌
그 날이 오면	심훈	지학, 블랙, 교학, 중앙			
그대들 돌아오시니	정지용	두산	떠나가는 배	박용철	지학, 한교
그 먼 나라를 알으십니까	신석정	교학, 대한	머슴 대길이	고은	디딤돌, 천재
			먼 후일	김소월	청문
껍데기는 가라	신동엽	지학, 천재, 금성, 블랙, 교학, 한교, 상문, 형설, 청문	모란이 피기까지는	김영랑	지학, 천재, 금성, 형설
			목계 장터	신경림	문원, 한교, 청문
꽃	김춘수	금성, 문원, 교학, 중앙, 형설	목마와 숙녀	박인환	민중
			바다와 나비	김기림	금성, 블랙, 한교, 대한, 형설
끝없는 강물이 흐르네	김영랑	디딤, 교학	바위	유치환	금성, 문원, 중앙, 한교
나그네	박목월	천재, 블랙, 중앙, 한교	별 헤는 밤	윤동주	문원, 민중
나룻배와 행인	한용운	문원, 블랙, 대한, 형설	봄은 간다	김억	한교, 교학
남신의주 유동 박시봉방	백석	지학, 두산, 상문	봄은 고양이로다	이장희	블랙

작품	작가	출판사
불놀이	주요한	금성, 형설
빼앗긴 들에도 봄은 오는가	이상화	지학, 천재, 문원, 블랙, 디딤돌, 중앙
산 너머 남촌에는	김동환	천재, 블랙, 민중
산유화	김소월	두산, 민중
살아 있는 것이 있다면	박인환	대한, 교학
살아 있는 날은	이해인	교학
생명의 서	유치환	한교, 대한
샤갈의 마을에 내리는 눈	김춘수	지학, 블랙, 태성
서시	윤동주	디딤돌, 민중
설일	김남조	교학
성묘	고은	교학
성북동 비둘기	김광섭	지학
쉽게 씌어진 시	윤동주	지학, 디딤돌, 중앙
승무	조지훈	지학, 디딤돌, 금성
알 수 없어요	한용운	중앙, 대한
어서 너는 오너라	박두진	디딤돌, 금성, 한교, 교학
오감도	이상	디딤돌, 대한
와사등	김광균	민중
우리가 물이 되어	강은교	지학, 문원, 교학, 형설, 청문, 디딤돌
우리 오빠의 화로	임화	디딤돌, 대한
울음이 타는 가을 강	박재삼	지학, 교학
자수	허영자	교학

작품	작가	출판사
자화상	노천명	민중
절정	이육사	지학, 천재, 금성, 두산, 문원, 블랙, 교학, 태성, 청문, 디딤돌
접동새	김소월	교학, 한교
조그만 사랑 노래	황동규	문원, 중앙
즐거운 편지	황동규	지학, 형설, 청문
진달래꽃	김소월	천재, 태성
청노루	박목월	지학, 문원, 상문
초토의 시 8	구상	지학, 천재, 두산, 상문, 태성
초혼	김소월	디딤돌, 금성, 문원
타는 목마름으로	김지하	디딤돌, 금성, 문원, 민중
풀	김수영	지학, 금성, 민중, 한교, 태성
프란츠 카프카	오규원	천재, 태성
피아노	전봉건	태성
해	박두진	두산, 블랙, 민중, 형설
해에게서 소년에게	최남선	지학, 천재, 금성, 두산, 문원, 민중, 한교, 대한, 형설, 태성, 청문, 디딤돌
향수	정지용	지학, 문원, 블랙, 교학, 한교, 상문, 청문, 디딤돌

〈베스트 논술 한국대표문학〉에 실린 시조와 교과서 대조표

*〈베스트 논술 한국대표문학〉에 실린 시조와 현행 국어 · 문학 18종 교과서의 수록 내용을 비교 · 분석하였다.

작품	작가	출판사
가노라 삼각산아	김상헌	교학, 형설
가마귀 눈비 맞아	백팽년	교학
가마귀 싸우는 골에	정몽주 어머니	교학
강호 사시가	맹사성	디딤돌, 두산, 교학
고산구곡	이이	한교
공명을 즐겨 마라	김삼현	지학
구름이 무심탄 말이	이존오	천재
국화야 너난 어이	이정보	블랙
녹초 청강상에	서익	지학
농암가	이현보	민중
뉘라서 가마귀를	박효관	교학
님 그린 상사몽이	박효관	천재
대추볼 붉은 골에	황희	중앙
도산 십이곡	이황	디딤돌, 블랙, 민중, 형설, 태성
동짓달 기나긴 밤을	황진이	지학, 천재, 금성, 두산, 문원, 교학, 상문, 대한
마음이 어린후니	서경덕	지학, 금성, 블랙, 한교
말없는 청산이요	성혼	지학, 천재
방안에 혔는 촉불	이개	천재, 금성, 교학
백구야 말 물어보자	김천택	지학
백설이 자자진 골에	이색	지학
삭풍은 나무끝에	김종서	중앙, 형설
산촌에 눈이 오니	신흠	지학

작품	작가	출판사
삼동에 베옷 닙고	조식	지학, 형설
산인교 나린 물이	정도전	천재
수양산 바라보며	성삼문	천재, 교학
십년을 경영하여	송순	지학, 금성, 블랙, 중앙, 한교, 상문, 대한, 형설
어리고 성긴 매화	안민영	형설
어부사시사	윤선도	금성, 문원, 민중, 상문, 대한, 형설, 청문
오리의 짧은 다리	김구	청문
오백년 도읍지를	길재	블랙, 청문
오우가	윤선도	형설
이몸이 죽어가서	성삼문	지학, 두산, 민중, 대한, 형설
이시렴 부디 갈다	성종	지학
이화에 월백하고	이조년	디딤돌, 천재, 두산
이화우 흣뿌릴 제	계랑	한교
재너머 성권농 집에	정철	천재, 형설
천만리 머나먼 길에	왕방연	문원, 블랙
청산리 벽계수야	황진이	지학
추강에 밤이 드니	월산대군	천재, 금성, 민중
춘산에 눈녹인 바람	우탁	디딤돌
풍상이 섞어 친 날에	송순	지학, 청문
한손에 막대 잡고	우탁	금성
훈민가	정철	지학, 금성
흥망이 유수하니	원천석	천재, 중앙, 한교, 디딤돌, 대한

⟨베스트 논술 한국대표문학⟩에 실린 수필과 교과서 대조표

* ⟨베스트 논술 한국대표문학⟩에 실린 수필과 현행 국어 · 문학 18종 교과서의 수록 내용을 비교 · 분석하였다.

작품	작가	출판사
가난한 날의 행복	김소운	천재
가람 일기	이병기	지학
구두	계용묵	디딤돌, 문원, 상문, 대한
그믐달	나도향	블랙, 태성
꼴찌에게 보내는 갈채	박완서	태성
나무	이양하	상문
나무의 위의	이양하	문원, 태성
낭객의 신년 만필	신채호	두산, 블랙, 한교
딸깍발이	이희승	지학, 디딤돌, 청문
멋없는 세상 멋있는 사람	김태길	중앙
무궁화	이양하	디딤돌
백설부	김진섭	지학, 천재, 형설, 태성, 청문
생활인의 철학	김진섭	지학, 태성
수필	피천득	지학, 천재, 한교, 태성, 청문
수학이 모르는 지혜	김형석	청문
슬픔에 관하여	유달영	문원, 중앙
웃음설	양주동	교학, 태성
은전 한 닢	피천득	금성, 대한
이야기	피천득	지학, 청문
인생의 묘미	김소운	지학
지조론	조지훈	블랙, 한교
청춘 예찬	민태원	금성, 블랙
특급품	김소운	교학
폭포와 분수	이어령	지학, 블랙
피딴 문답	김소운	디딤돌, 금성, 한교
행복의 메타포	안병욱	교학
헐려 짓는 광화문	설의식	두산

베스트 논술 한국대표문학 ❻

배따라기

지은이 김동인
펴낸이 류성관
펴낸곳 SR&B(새로본닷컴)
주 소 서울특별시 마포구 망원동 463-2번지
전 화 02)333-5413
팩 스 02)333-5418
등 록 제10-2307호
인 쇄 만리 인쇄사

＊잘못 만들어진 책은 바꾸어 드립니다.